KB052374

연예인이 되는 시크릿

34

연예인이 되는 시크릿 34

연예인, 기획사,
방송국 현직자들이
콕 집어 주는 실전 데뷔 솔루션

김용재

민음인

차례

4부 방송국으로 가는 길

머리말

오늘날 연예인이란 직업은 부와 명예를 모두 얻을 수 있는 선망의 대상이 되었다.

내가 어렸을 적 아이들에게 "커서 뭐가 될래?" 물어보면 그 답이 대부분 대통령, 판검사, 의사, 과학자였다. 그러나 오늘날 대한민국의 초등학생들에게는 연예인이 1순위로 꼽힌다. 과거에는 연예인을 '딴따라'라고 해서 부모님들이 결사 반대하던 시대였는데, 지금은 오히려 부모님들이 스스로 매니저를 자처하며 자식을 지원하는 시대가 된 것이다.

그러나, 연예인이 되려는 사람은 많지만, 연예인이 되는 길을 정확히 아는 사람들은 많지 않다. 화려함 뒤에 보이지 않는 난관과 실제 사정 등을 제대로 알려 주는 곳이 없어, 이 길을 가려는 청소년들이나 그 가족들이 무엇을 어떻게 해야 할지 몰라 답답해하는 모습을 많이 보았다.

중·고등학교에서도 대학 입시 진로에는 경험이 많지만 연예계 방면 진로에는 경험이 없어서 난감해하기 일쑤다. 대학 방송연예과 계통으로 진학하면 연예인의 길로 갈 수 있겠지, 아니면 학원에 가면 제대로 배울 수 있겠지, 막연한 기대를 품지만 그 답답함을 풀 수 없기는 마찬가지다. 대학교에 들어가서도 재미있게 활동도 하고, 스타가 될 꿈을 꾸며 학창 시절을 보내지만, 시간이 지날수록, 특히 3학년 정도가 되면 자꾸만 미래가 불안해진다. 주변에 기획사에 들어간 친구들을 보면 자신은 꼭 낙오자가 된 것 같은 기분이 들기도 하고, 혼자 어렵게 공개 오디션을 보러 다니다가 계속 떨어지면서 점점 더 불안해진다. 그나마 남자들은 군대에 가서 시간을 벌 수는 있다. 하지만 여자들은 졸업 후 불안에 떠는 경우가 많았고, 결국 어려서부터 꿈꿔 왔던 연예인을 포기하고 다른 직업을 선택하는 모습을 많이 보았다.

간혹 아는 교수님들의 부탁으로 특강을 할 때, 현장에 목말라하는 학생들을 보면서 그들에게 현장의 목소리를 전해 주는 기회가 절대적으로 필요하다고 느꼈다. 또 소속사는 있지만 데뷔할 기회를 잡지 못해 시간만 흘려보내다가 꿈을 접는 연습생들도 많이 봐 왔다. 우리나라 연예인들의 상당수, 특히 여자 연예인들이 더 많이 우울증 증세를 보인다는 기사를 읽은 적이 있다. 대중의 인기를 먹고 사는 연예인들은 자신의 인기도에 과도하게 민감한 편이니, 우울증에 걸릴 수밖에 없겠다는 생각이 들었다.

지금 대한민국은 어릴 때부터 연예인이 되겠다고 난리인 세상처럼 보인다. 돈과 명예, 두 마리 토끼를 잡을 수 있는 직업. 집안에 연예인 한 명이 생기면 걸어 다니는 중소기업이라도 세운 듯 집안을 일으킨다는 환상 속에서, 재능이 있고 외모가 뛰어나다고 하면 무작정 이 분야로 뛰어드는 이들을 볼 때, 매우 위험스럽고 안타까운 마음이 들었다. 수없이 고민하고 실망하고 상처받고 포기하는 연예인이나 지망생들, 특히 이 분야의 정점에 있었던 제작자나 스타 연예인의 극단적 선택을 옆에서 지켜보면서 제대로 이 분야에 대해 알려 주어야겠다는 사명감까지 생겼다.

'내 자식이 연예인이 되겠다고 하면 말리고 싶다. 그러나 천 번 만 번 생각해도 해야 한다고 하면 제대로 알려 주어야겠다.' 그러한 생각이 이 책을 쓰게 한 가장 큰 원동력이었다. 그래서 각 분야 최고의 연예인들을 섭외하면서 그들의 경험이나 노하우를 전할 수 있게 해 달라고 설득했다. 30여 년 방송 일을 한 나도 내 전문이 아닌 분야는 정확히 쓸 수 없다.

까다로운 섭외 작업이 필요한 일이기는 했으나, 연예인이 되고자 하는 청소년들과 그 가족들, 데뷔에 목마른 지망생들, 그리고 현재 활동을 하면서도 답답함을 느끼고 있는 연예인들에게 어떻게든 도움이 되고 싶었다. 이 분야 최고 전문가들이 직접 자신의 경험과 노하우를 전하는 책은 전무후무할 것이다.

현장의 세계는 유행처럼 급변하기에 사실 이보다 더 좋은 학습 장소는 없다. 그러나 현장을 접할 수 있는 학생, 연습생, 기획사 소속 연예인들은 드물다. 그래서 간접적이지만 최대한 현장에서 경험 많은 연예인, 감독, 작가, 기획사 대표 등으로부터 살아 있는 노하우와 경험을 직접 들어 볼 기회를 만들고자 하였다.

이 책에서는 다음 네 가지 길을 통해 현장의 최고 경험자들의 목소리를 들을 수 있다.

1부는 연습실로 가는 길이다.

연예인이 되기 위해서는 무엇보다도 자신이 왜 연예인이 되려고 하는지 자신만의 목적의식이 분명해야 한다. 단순히 돈과 명예만 보고 이 길을 가면 힘든 일이 생겼을 때 중도에 포기할 수밖에 없다. 1부에서는 연예인 입문 초기에 필요한 사항들에 대해서, 이 분야 정점에 있는 스타 연예인들의 과거 경험과 그들만의 가치 판단을 육성으로 들을 수 있다. 또한 연습생을 거쳐 막 프로의 세계에 뛰어든 연예인들의 경험담도 여기서 들을 수 있다.

2부는 현장으로 가는 길이다.

현재 연예계 최고 위치에 있는 스타들에게서 그들만의 실전 노하우를 듣는 파트다. 사실 연예인들이 자신만의 노하우를 알려 준다는 건 일종의 비기(祕技)를 전수하는 것과 같다. 프로의 세계에서 이러한 정보를 공유하는 일은 거의 없다고 보면 된다. 그래서 현장의 프로들이 자기 최고의 자산인 노하우를 전해 주는 이 파트는 더욱 특별하고 소중하다.

3부는 기획사로 가는 길이다.

연예인 지망생들이 수많은 기획사의 오디션을 보지만 실제로 그 문을 통과하는 이는 많지 않다. 3부에서는 기획사에 들어가려면 어떠한 노력이 필요한지 주요 기획사 대표들에게 그들만의 기준을 들어 본다. 또 기획사에 들어갈 때 어떠한 조건으로 계약을 하고, 어떠한 자세로 임해야 하는지 알려 주는 현실적인 파트이기도 하다.

마지막 4부는 방송국으로 가는 길이다.

요즘에는 뉴미디어의 발달로 유튜브의 영향력이 커졌지만, 아직 신인들이 프로의 세계에 입문하는 곳은 방송국이다. 스타가 되는 지름길이 되기도 하지만, 여기서 버티지 못하면 꿈을 접어야만 하는 정글이 되기도 한다. 학원이나 학교에서 배우고 연습했던 것은 전혀 적용되지 않는다고 보면 된다. 4부에서는 수십 년간 방송국에서 일해 온 장인들이 방송 전문 용어부터 새롭게 알려 주면서, 이 정글과도 같은 세계에서 살아남는 방법을 전한다.

코로나 이후 대한민국의 문화 콘텐츠는 전 세계를 휩쓸고 있다. 한류라는 이름으로 K-POP과 K-드라마는 전 세계에 대한민국의 문화강국을 널리 알리는 계기가 되었다. 이러한 시기에 한류의 원동력인 대한민국 연예인의 노하우를 알려 주는 이 책은 비단 예비 스타들뿐만 아니라, 다른 나라의 방송 및 연예계 관계자들에게도 의미가 있을 것이다. 준비된 자만이 정상에 오를 수 있다. 이 책에 담긴 소중한 노하우와 경험들을 통해 염원하던 연예인의 꿈을 이루기를 기원한다.

1부
연습실로 가는 길

연예인이 되려고 꿈꾸는 사람들은
많지만, 막상 이 길을 가려고 하면
사막 위에 있는 것처럼 막막한 기분이
들 것이다. 가족, 친구, 학교 등
주변에서 길을 가르쳐 줄 사람들도
없다. 학원에 가면 막대한 돈을
지불하고 컨설팅을 받는데,
현실적이지 못한 경우가 태반이다.
하지만 그들 곁에 진짜 연예인 멘토가
있다면 어떨까? 현장에서 왕성하게
활동하는 연기자, 가수, 개그맨 등
연예인들의 조언이 그 첫걸음을
내딛도록 도와줄 것이다.

연예인이 되기 위해
가장 필요한 것은 무엇인가요?

오늘날 연예인의 범주는 점점 넓어져서, 연기를 잘하는 배우, 노래를 잘하는 가수, 남을 잘 웃기는 개그맨은 물론 프로 운동선수 등까지 모두 포괄한다. 각자의 분야에서 보통 사람들보다 뛰어난 실력을 갖추었을 뿐만 아니라, 그 실력으로 대중들의 인기를 얻을 수 있는 매력적인 사람들이다. 즉 대중들에게 희로애락을 주는 능력과 인지도를 두루 갖춘 이들을 연예인이라 할 수 있겠다.

터놓고 얘기해 보자. 세상에서 돈과 명예를 동시에 얻는 직업은 별로 없다. 중·고등학교에서 전교 상위권에 있는 학생들이 대학 입시에서 우수한 성적으로 소위 명문 SKY에 들어가고, 대학 4년 동안 열심히 공부해서 판검사, 의사, 고위 공무원, 대기업 회사원이 되어 대한민국 상위 5퍼센트의 직업을 가진다고 해도 명예와 돈 둘 다 갖기는 힘들다. 물론 이 직업군 안에서도 최상위권의 지위를 갖게 된다면 이 둘은 동시에 가질 수 있겠으나, 그런 사람은 확률적으로 많지 않다.

그런데 이러한 길을 가는 사람들과 달리, 각각의 분야에서 타고난 끼와 재능을 주체하지 못하는 이들이 있다. 노래를 잘하는 사람, 연기를 잘하는 사람, 남을 잘 웃기는 사람, 운동을 잘하는 사람 등등. 이들은 배우, 가수, 개그맨, 운동선수 등이 되어 그 재능을 마음껏 펼친다. 게다가 그러한 재능으로 대중들의 사랑까지 받게 되면, 큰돈을 일시에 벌 기회가 찾아오고 명예도 동시에 얻을 수 있다.

사실 20세기 이전만 해도 연예인은 '광대', '딴따라'라고 해서 천시받던 직업이었는데, TV가 보급되면서 그 위상이 천지개벽할 정도로 바뀌었다. 오늘날 연예인은 돈과 명예를 모두 누리는, 대중이 가장 선망하는 직업적 위상을 갖게 된 것이다.

자기 색깔이 있으면 주목받고
기본기가 있으면 오래간다

우연히 재수가 좋아 대중의 인기를 누릴 수는 없다. 만약 운이 좋아 벼락스타가 되어도, 실력이 탄로 나는 즉시 대중의 외면을 받는다. 그래서 대중들의 인기를 지속해서 받으려면 자기 분야에서 꾸준한 노력이 필요하다.

앞으로 나올 연예인 멘토들이 구체적으로 알려 줄 테지만, 간략히 살펴보면 이렇다. 먼저, 배우는 여러 분야의 삶을 사는 사람이다. 평소에 다양한 사람들의 삶을 직·간접적으로 체험해 보거나 주의 깊게 관찰할 필요가 있다. 가수는 노래를 잘 불러야 하는 것이 곧 숙명이다. 그 방법을 스스로 찾는 것이 좋지만, 만약 어렵다면 주변 전문가들을 찾아서 보완해야 한다. 개그맨도 배우와 마찬가지로 관찰력이 좋아야 하는데, 특히 자신만의 유행어나 몸짓 등을 만들기 위해서는, 사회문화적이고 시사적인 것들에 항상 귀 기울이며 남들과 다른 관점에서 세상을 보는 능력을 키워야 한다.

이와 같이 각자의 분야에서 기본기를 충실히 다진 다음, 고유의 색깔을 찾고 자신만의 캐릭터와 기법 등을 만들어야 남들과 차별화되며, 대중의 시선을 끄는 연예인이 될 수 있다. 즉 기본기를 충실히 갖춘 상태에서 자신만의 색깔로 활짝 피어나야 진정한 스타가 되는 것이다. 말은 쉬워 보이지만 실제로는 아주 어려운 길이다.

연예인이란 직업을 감당하기 위해 진정으로 필요한 것은 무엇인지, 오랫동안 독보적 인기를 유지해 온 베테랑 연예인의 이야기를 들으며 이 책을 본격적으로 시작해 보자.

개그맨 이경규

1981년 제1회 MBC 개그콘테스트 인기상 수상으로 데뷔
「일요일 일요일 밤에」, 「남자의 자격」, 「한끼줍쇼」
통산 8회 방송연예대상 수상(MBC 6회, KBS 1회, SBS 1회)

연예인이 되려면 외로움을 각오하고 시작해야 한다

누군가에겐 가십의 대상이 되기도 하고, 누군가에겐 동경의 대상이 되기도 하는 연예인을 한마디로 정의하자면, '비타민 같은 존재'라고 생각한다. 이유는 간단하다. 본인이 가지고 있는 끼와 재능을 대중에게 보여 주며 즐거움을 주기 때문이다. 그런 이유로 나조차도 어릴 때부터 연예인을 좋아했다. 현재 나의 직업 또한 대중들에게 즐거움을 전해 주는 연예인으로 살아가고 있다.

긴 세월 연예인이란 직업을 가지고 일을 하고 있지만, 동료 연예인들을 보면 아직도 가끔 신기하고 환상적으로 보일 때 있다. 최민식 같은 배우의 뛰어난 연기를 보면서 '어떻게 저렇게 연기를 잘하지?' 또 어떤 가수가 소름 끼치게 열창하는 모습을 보면서 '대단하다' 느낄 정도로, 연예인인 나 자신도 상대 연예인들을 보면서 즐거움을 얻는다.

연예인이 되기 위해 가장 필요한 것은 무엇일까? 바로 '끼'와 '재능'이라고 생각한다. 사실 연예인은 태어날 때부터 연예인 팔자가 있다. 연예인 DNA라고나 할까? 숨길 수 없는 끼와 재능이 타고난 사람들이다. 타고난 연예인 팔자, 즉 재능이 있는 사람은 연예인이 되기 위해 가장 필요한 무기를 이미 장착하고 있는 것과 같다. 개인적으로 연예인 후배 중 개그맨 이수근 같은 친구를 보면 연예인으로서 타고난 순발력과 재능이 뛰어나다는 생각이 든다.

둘째로는 끊임없는 '노력'과 '자기계발'이다. 준비된 자는 언제든 기회가 따르기 마련이다. 대중의 사랑과 인기를 먹고 사는 연예인에게 자기계발 관리는 무엇보다 중요하다. 적어도 연예인을 하려고 한다면 연기면 연기, 노래면 노래, 개그면 개그 등 자기 분야에서 끊임없이 공부하고 연구해야 한다. 마냥 연예인이 하고 싶어서 준비 없이 임했다간 세월만 날릴 수 있다.

그리고 무엇보다 자기 철학이 있어야 한다. 연예인은 하루 아침에 갑자기 스타가 될 수도 있고, 나락으로 떨어질 수도 있다. 자기 철학이 없으면 멘탈 관리도 힘들 수 있다. 나의 경우 약속을 중요하게 생각한다. 자기 자신과의 약속, 스태프와의 약속, 매니저들과의 약속, 동료들과의 약속을 꼭 지킨다. 나는 1981년에 데뷔해 40년 넘게 연예계에 몸을 담고 있는데, 그 기간 동안 약속을 안 지킨 적이 없다. 그것이 나의 철학이고 내가 연예계 생활을 오래 유지하는 비결이 아닌가 싶다.

마지막으로 연예인 지망생들에게 꼭 전하고픈 메시지가 있다. 연예인은 참 어려운 직업이다. 그걸 40여 년간 해 온 게 행운이었던 것 같다. 대중들에게 얼굴이 알려져 있기 때문에 불편하고 외로운 삶을 사는 사람들이 연예인이다. 연예인이 되려면 외로움을 각오하고 시작해야 한다. 맹목적으로 돈만

벌려고 뛰어들어서는 안 된다. 그렇다면 차라리 장사를 하는 게 낫다. 사람들에게 즐거움을 주겠다는 생각으로 끊임없이 노력하다 보면 돈과 명예는 자연스럽게 따른다. 가수든 배우든 개그맨이든 그 분야에 미치지 않으면 죽겠다는 생각으로 임한다면 누구나 도전해 볼 수 있을 것이다.

02

연예인이 꿈인데
학교를 꼭 다녀야 하나요?

학교에서 배우는 것은 공부만이 아니다

청소년 연예인 지망생을 만나면 고등학교에 꼭 다녀야 하는지, 대학에는 진학해야 하는지 묻곤 한다. 그런 질문을 받을 때마다 나는 "학교에 다니지 않는 것은 좋은 선택이 아니다."라고 답한다.

물론 학교에 다니지 않고 연예인이 되는 데 전념하면 시간 낭비를 줄인다고 생각할 수 있다. 그러나 학교에 다니는 의미는 공부를 하거나 자신의 전문 분야를 배우는 데만 있지 않다. 그 시간이 사회에 적응하는 일련의 과정이 될 수 있기 때문이다.

이와 비슷한 사례가 스포츠 분야에서도 있다. 한때는 청소년 운동 선수들이 수업에 참여하는 대신 교실 밖에서 자신의 종목을 연습하는, 엘리트 육성 교육이 선호되기도 했다. 그러나 그런 방식으로는 올림픽이나 국제 대회에서 우수한 성적을 낼 수는 있었지만, 선수들 개인적인 인생에서 잃어버리는 것들도 너무나 많았다. 그래서 언젠가부터 우리나라도 다른 나라들처럼 강제적으로 일정 시간 학교 수업을 받은 뒤에 전문 분야 활동을 하도록 제도화시켰다.

한 사람의 인생을 논할 때 당장 효율적이냐 아니냐로만 따질 수는 없다. 인생은 길다. 긴 인생에 있어서 학창 시절은 결코 헛된 시간이 아닐 뿐만 아니라, 어쩌면 연예인이 된 훗날에도 가장 중요한 시기가 될 수 있다. 또래들과 소통하고 생활하면서 성장하면, 스타가 되었을 때 더 성숙하게 대처할 가능성이 크다는 얘기다. 연예인 생활을 하다 보면 생각지 못한 시련과 고난, 외로움 등이 닥치는데, 이럴 때 함께 의논하고 고민해 줄 학창 시절의 친구가 있으면 큰 힘이 된다. 단순히 자신의 분야만 집중해서 성공한들 반쪽의 성공으로 남을 위험이 있다.

대학 진학도 미래를 위해 필요하다

대학 진학 여부는 개인의 선택에 달렸지만, 마찬가지로 나는 지망생들에게 대학 생활도 경험해 보길 권한다. 대학에서는 자유롭게 생각을 공유하고, 정서적으로도 다양한 경험을 한다. 학생인 동시에 성인으로서, 안전한 테두리 안에서 자신의 행동에 스스로 책임지는 법을 배우는 시기다. 이러한 경험은 돈을 주고도 살 수 없다.

　연예인을 꿈꾼다면 방송연예과를 가도 좋지만, 그렇지 않아도 상관은 없다. 다양한 분야에서 쌓은 교양과 체험이 앞으로 험난한 연예계를 뚫고 나가는 데 큰 자양분이 되기 때문이다. 나와는 다른 다양한 사람들을 만나고, 사회를 보는 시야도 넓히면서 자신의 인격을 마지막으로 담금질해 보는 것이다. 만약 훗날에 연예인의 길을 중도 포기하는 상황이 된다면, 이때의 대학 생활이 진로를 재설정하는 데 도움을 줄 수도 있을 것이다. 그래서 특별한 경우가 아니라면 학업을 병행하며 연예인에 도전하고, 또 연예인이 되더라도 그 생활을 이어나가길 권한다.

　다음은 학교를 그만두거나 예술계 고등학교에 다니지 않고도, 그러니까 인문계 고등학교에 다니면서도 대형 기획사 오디션에 합격하여 걸그룹으로 데뷔한 연예인의 경험담이다. 그가 어떤 마음가짐으로, 자신의 루틴을 효율적으로 설계했는지 한번 살펴보자. 또 이어서 현재 대학 방송연예과에서 직접 학생을 가르치는 교수님의 인터뷰도 있으니 참고해 보면 좋을 것이다.

솔루션 인터뷰   엔믹스 해원

JYP엔터 소속 6인조 걸그룹 NMIXX 리더
2017년 JYP 걸그룹 공개 오디션 합격
2022년 걸그룹 NMIXX로 데뷔

학교에 다니면서 오디션 준비하기!

경험에 비추어 보자면, 연습생이 되기 전 오디션 준비 시기에는, 오디션을 준비하는 비중이 학교생활의 비중보다 크면 안 될 것 같다. 학생의 본분을 다하며 플랜 B를 항상 만들어 두고, 그 균형을 유지하며 꿈을 위해 나아가는 게 제일 좋은 방향이 아닐까 생각한다.

그러면, 온 하루가 자기계발과 미래를 위한 시간으로 꽉 채워지게 된다. 예를 들어, 학교 수업 쉬는 시간에 시험공부를 하고, 조금 더 긴 점심 시간에 댄스 연습을 하는 거다. 하교 시간에는 노래를 카피하고, 일과를 마치고 집에 돌아와서는 영어 단어를 외우며 사이클을 타는 식이다. 그러면 하루하루를 허투루 보낼 수가 없다.

물론 여가 시간은 부족하겠지만, 하고자 하는 열망과 구체적인 계획만 있다면 학교에 다니면서도 충분히 오디션을 준비할 수 있다고 생각한다.

솔루션 인터뷰

**동덕여자대학교
방송연예과 교수
이동규**

전 SBS 예능 PD(1997~2012)
「도전 1000곡」, 「웃찾사」 기획 및 연출

오히려 대학 진학이 연예인이 되는 지름길

일단 연예인이라는 직업이 무엇인지 한번 짚어 보자. 연예인이란 한마디로 남의 사랑을 먹고 사는 직업이다. 남의 사랑이란 게 그렇다. 남이 나를 좋아하게 만든다는 뜻인데, 세상에서 이것만큼 또 어려운 것도 없다. 대학에 꼭 가고 안 가고를 떠나서 이런 사랑을 받으려면 가는 것이 좋을지, 안 가는 것이 좋을지 한번 생각해 볼 필요는 있다.

대학 전공은 직업의 전문 자격 여부로 크게 두 가지로 나뉠 수 있다. 전자는 꼭 졸업해야 그 직업이 될 수 있는 전공이다. 의사, 간호사, 약사, 목사 등이 그렇다. 후자는 졸업해도 꼭 그 직업이 된다는 보장이 없는 전공이다. 경영학, 사회학, 문학 등 대부분의 전공이 그렇다. 연예인도 후자에 속한다. '연예인이 되는 데 꼭 대학에 가야 하나?'라는 질문은 연예인뿐만 아니라 사실 후자의 전공과 직업 모두에 해당되는 말이다.

전자든 후자든 직업인이 되려면 그 방면의 기술이 있어야 한다. 영업직은 영업 기술, IT직은 IT 기술, 변호사는 변호 기술 등이다. 연예인도 그렇다. 가수는 노래, 배우는 연기, 개그맨은 개그 등의 기술이 필요하다. 이런 기술로 그 방면의 상품을 만들어 내는 게 직업이다. 그런데 연예인은 이런 직업과 다른 독특한 특성이 하나 있다. 그것은 그 자신이 곧 상품이 되는 직업이라는 것이다. 다른 직업들은 모두 기술로 따로 상품을 만들어 내지만, 연예인은 자신의 기술로 스스로를 상품으로 만들어 내야 하는 직업이다.

연예인은 남이 나를 좋아하게 만드는 직업이라고 했다. 좋아하는 것과 필요한 것은 다르다. 좋아하는 상품이 되기 위해 기술은 필요한 것일 뿐 그 이상이 되기는 어렵다. 기술은 학원에서도 배울 수 있긴 하다. 하지만 그 이상이 되기 위해서는 기술 외에 생각보다 훨씬 많은 다른 깨달음들도 필요하다.

대학은 기술만 가르치지 않는다. 인생을 가르친다. 교양 과목
도 많고, 다른 전공과목도 얼마든지 배울 수 있다. 방송연예
과, 연극영화과, 실용음악과 등 연예인 양성 관련 학과도 마
찬가지다. 필요한 기술만 가르치지 않는다. 남이 좋아할 만한
자신만의 상품성을 깨닫게 해 주는 다른 그 무엇들도 함께 찾
아 준다. 그래서 연예인이 되기 위해서 대학을 꼭 가야 하는
것은 아니지만, 적어도 그 지름길은 될 수 있다고 보는 것이
나의 생각이다.

연기학원이나 보컬학원을
꼭 가야 하나요?

학원은 실력 향상이 아니라 입시 통과가 목적이다

연기학원에서 배워서 연기력이 뛰어나게 좋아진다고 하면 빚을 내서라도 배워야 한다. 그러나 그러한 학원은 대한민국에 어디에도 없다고 생각한다. 그런 곳이 있다면 벌써 소문이 다 나서 명문대 들어가기보다 더 힘들 것이고, 그 학원은 진즉에 돈방석에 앉았을 것이다. 안타깝게도 대한민국에는 아직 그런 학원은 존재하지 않는다.

오늘날 연기학원의 주목적은 대학 입시가 아닌가 싶다. 일반 대학에 들어가기 위해 입시학원에 다니는 것과 다르지 않다. 입시학원은 전문적으로 입시를 연구하고 예측하는 데 주목적이 있기에 대학에 들어가는 용도로만 유용하다. 연기학원도 대학 입시에서 합격하는 게 가장 중요하지, 한 연기자로서 연기력을 키우고 소양을 기르는 일과는 거리가 멀다고 본다.

보컬 레슨도 마찬가지다. 실용음악학원도 대학 입시가 주요 목적이다. 연기학원이나 실용음악학원 입구에서는 대학 입시 합격생의 명단이나 플래카드, 홍보물이 흔히 보인다. 학원이 연기력과 음악 실력을 키워 준다고 생각하면 나중에 큰 실망을 하게 될 것이다.

기초 입문, 객관적 평가로 학원을 활용하기

그렇다고 연기나 노래를 배울 때 학원이나 개인 교습을 받을 필요가 없느냐고 묻는다면 대답하기가 어렵다. 혼자서 각종 관련 자료나 동영상을 열심히 보면서 연습할 수도 있으나 이는 경제적 능력이 없을 때의 자구책일 뿐, 바람직한 방법은 아니다. 누군가가 자신의 장단점을 보면서 평가해 줘야 하는데, 주변의 비전문가가 평가하는 것은 별 의미가 없고, 그럴만한 어느 정도의 경력을 가진 전문가들은 그래도 학원에 있다.

따라서 입문 단계에서는 학원에서 연기 수업과 보컬 레슨을 받으면 좋다. 이럴 때는 어디서부터 시작해야 할지 모르는 백지상태이기 때문에 학원이라는 곳을 통해서 맛만 본다고 생각해야 한다. 학원 선생님에게 전문적 도움을 받으면서 기초부터 잡는 것이다. 다시 말하지만, 자기만의 개성과 장점을 찾고 이를 발전시키기 위해서는 객관적인 평가가 필요한데, 나의 단점을 지적하고 개선해 줄 곳이 학원이라는 얘기다.

학원 교육보다 중요한 나만의 개성 찾기

학원에서 학생들 제각각의 재능과 장점을 다 살려 줄 수는 없다. 자신의 재능과 장점 등이 객관적으로 파악된 뒤에는 본인 스스로 발전시키고 훈련해야 한다. 그래야 남들과 차별되는 자신만의 색깔을 빨리 만들 수 있다. 개성과 색깔이 없는 사람은 이 정글 같은 연예계에서 살아남지도 존재감을 드러내지도 못할 것이다. 연예계에서 무색무취한 개성은 약점으로 작용한다. 멋있고 예쁘게 생기거나 목소리가 좋아도 독특한 개성과 차별점이 없으면 바로 식상해지고 묻혀 버린다. 따라서, 학원을 가서 연기를 배우든 보컬 레슨을 받든 그다지 중요하지 않다. 자기 자신을 정확히 알고 자신만의 색깔이 있는지, 그 개성을 어떻게 잘 보여 줄 수 있는지가 더욱 중요하고, 여기에 맞춰 학원을 활용하면 된다.

솔루션 인터뷰(보컬)　　　　　　　　가수 임세준

2012년 싱글 앨범 「To Love Somebody」로 데뷔
2017년 정규 1집 「Five Years」
「복면가왕」, 「불후의 명곡」 등 출연

제3자의 평가는 시간과 에너지를 절약한다

무조건 받아야 한다고 할 순 없지만, 내 주위에 레슨을 받은 적이 없는 가수는 거의 없는 것 같다. 대부분 사람은 코치의 지도에 따라서 교육받는 것이 중요하다고 생각한다.

특히 발성은 자기 스스로 인식하여 개선할 수 없는 부분이 많이 있다. 이럴 때 제3자에 의한 교정은 많은 시간과 에너지를 아껴 준다. 대단한 가창력을 가진 가수들도 잦은 활동으로 무너진 밸런스를 잡기 위해 주기적으로 발성 훈련을 받는다. 타고났더라도 어떻게 내 소리가 나오는지 알지 못하면, 무너진 순간에 다시 잡아내기가 쉽지 않기 때문이다. 앨범 녹음 시에도 보컬 디렉팅 과정에서 작곡가의 도움을 받는다면 더 좋은 선택을 할 수 있다.

평소에 해 놓은 훈련의 재료를 가지고 실전에서 좋은 작품을 만들어 낸다고 생각한다. 그 재료가 많다면 얼마든지 선택적으로 활용할 수 있으니 다양한 방면으로 배우는 것을 추천한다.

배우 최재원

1989년 CF광고로 데뷔, 1995년 KBS 슈퍼탤런트 1기 선발
「LA 아리랑」, 「좋은나라 운동본부」및 다수 드라마와 영화 출연
2000년 KBS 연기대상 남자조연상, 2003 연예대상 최우수 코너상 등

타이거 우즈 옆에도 늘 훌륭한 코치가 있듯이

나는 고3 때 연극영화과에 가기 위해 처음으로 연기학원이란 곳에 발을 디뎠다. 대학 실기 면접을 보려고 하는데 아무런 정보가 없는 상황이다 보니 학원에 다니는 게 좀 도움이 되지 않을까 싶어서였다.

실제로 연극영화과 등을 전공으로 대학에 다니면서 체계적인 훈련을 받지 않고서는 개인적으로 혼자 연습하며 연기력을 키우기란 쉽지만은 않은 것 같다. 사실 연기라는 것 자체가 오감을 활용하는 예술이다 보니, 전문적이고 체계적인 교육을 하지 않고 독학으로 하다 보면 잘못된 습관이 밸 수도 있고, 나 자신을 객관적으로 보기도 절대 쉽지 않기 때문이다. 그렇기에 배우 생활을 오래 한 동료들 중에서도 끊임없이 개인 훈련을 하며 연기 트레이닝을 할 수 있는 곳(가령 연기학원 등)에 적을 두고 있는 이들이 적지 않다.

이 말은 즉 연기학원이 필수는 아니지만 좋은 선택은 될 수 있다는 얘기다. 특히나 혼자 연습하고 체크하기 힘든 발성, 발음, 호흡, 몸 쓰는 법, 상대방과의 대사 훈련 등, 또는 학교에서 놓칠 수 있는 현장 경험 등을 채워 주는 시스템과 커리큘럼을 갖추고 있는 바람직한 연기학원도 요즘은 꽤 있는 듯하다.

그리고 연기학원 혹은 연기트레이닝센터를 선택하는 데도

신중해야 한다. 연예인이 되고자 하는 어린 학생들의 마음을 현혹해 상식 밖의 행위를 강요하고 그로 인해 좋지 않은 기억을 남기는 곳도 적지 않다. 보통 연기학원에서는 학원비 외에 돈을 요구하지 않는다. 처음부터 프로필 사진을 찍는 것이 필수적이라며 큰 비용을 지불하게 한다든지, 특히 캐스팅 명목으로 돈을 요구할 때는 조심하고 피해야 한다. 연기학원을 노크하게 된다면 주변에 있는 연기 지망 선배들 혹은 현역으로 활동하고 있는 동종업계의 지인들에게 조언을 구하는 것도 큰 도움이 될 것이다. 또 연기학원은 전공학과로 진로를 정하기 전, 혹은 배우로 가기 위해서 내가 과연 배우의 길이 적성에 맞는지, 소질은 있는지, 객관적으로 나 자신을 가늠해 보기에도 도움이 된다.

실제 내 딸이 고1 때 막연하게 연극영화과에 가겠다며 연기학원에 보내 달라고 한 적이 있다. 그러나 여름방학 중 한 달을 다니고 나서는 더 이상 연기 얘기를 꺼내지 않았다. 본인이 직접 연기학원에서 언니, 오빠들과 함께 부딪혀 보니 연기가 이렇게 힘든 작업이었나 느끼기도 했을 것이고, 이렇게 멋지고 예쁘고 끼 많은 배우 지망생이 수년 혹은 수십 년 동안 피땀 흘리며 노력하고 매진하는 모습에 너무 자신이 쉽게 덤벼들었단 생각이 들었을지도 모른다.

지금, 이 순간에도 미래의 멋진 연기자를 꿈꾸며 연기 훈련에 매진하고 있을 배우 지망생분들과 함께 현역 연기자들도, 촬영에 앞서 연기에 대한 캐릭터 분석과 설정, 연기 플랜 등 전반적인 코칭과 의견을 조율하기도 한다. 골프의 황제 타이거 우즈도 늘 옆에 훌륭한 코치 선생님을 두는 것처럼. 나 역시도 올해 드라마 촬영 직전까지도 연기학원에서 후배들과 같이 트레이닝을 하기도 했다. 다시 한번 물어보자. 꼭 연기학원을 거쳐야 할까? 꼭 거칠 필요는 없지만 좋은 연기학원을 잘 찾는다면 여러분에게 좋은 길잡이가 되어 줄 수 있다.

노래와 춤은 어떻게 영감을 얻나요?

창작할 때 가장 어려운 부분은 영감을 얻어서 좋은 결과물을 내는 것이다. 이러한 과정은 예술의 모든 분야에서 이루어진다. 아무리 천재라 해도 창작물이 무한정으로 나오지 않는다. 순수예술이든 대중예술이든 엄청난 자기 자신과의 싸움과 창작의 고통을 이겨 내야만 비로소 하나의 위대한 창작물이 탄생하게 되는 법이다. 아무런 고통도 없이 순조롭게, 또 어느 날 갑자기 창작물이 탄생되는 일은 절대 없다.

누군가는 "예술은 다 사기다." 또는 "모방의 산실"이라고 말하기도 한다. 발명가든 예술가든 앞선 사람들의 발명품이나 창작물을 이어서 연구하고 시험하고 업그레이드하는 과정에서 새로운 것들이 나온다. 즉 완전 백지상태에서 새로운 형태의 창작물이 나오는 일은 극히 드물다.

스펀지가 되어라

프로 창작자의 몸은 스펀지가 되어야 한다. 세상의 모든 것이 창작물을 만드는 데 도움이 되기 때문이다. 우리 주변에서 일어나는 사회적 현상이라든지 사람들이 하는 특별한 행동이나 습관 등에서 영감을 얻어 독특한 창작물이 현실에 구현된다. 스펀지가 물을 빨아들이듯, 평소 모든 걸 흡수하려는 준비가 되어 있어야 하고, 날카롭게 살피는 눈을 갖춰야 한다는 얘기다.

이러한 사례는 실제로도 많다. 스팅(Sting)은 앤 라이스의 소설 『뱀파이어와의 인터뷰』를 읽고 영감을 얻어 「Moon over Bourbon Street」를 작곡했다. 콘트라베이스와 트럼펫을 사용해 재즈 스타일로 만들었는데, 나른하게 늘어지는 그의 목소리가 어둡고 음침한 소설의 느낌을 잘 살려서 『뱀파이어와의 인터뷰』 팬들의 각별한 사랑을 받았다. 이처럼 소설을 읽다가 영감을 얻어서 만들 때도 있고, 실제 사랑과 이별 경험을 통해서 노래를 작사 작곡하는 때도 있다. 또한 반려견을 보고 음악을 만드는 창작자가 있는가 하면, 영화를 보거나 음악을 듣다가 영감을 얻은 사람들도 있다. 팬들에게 영감을 얻어서 작품을 만들기도 한다. 이러한 영감은 일시적으로 나타나기도 하고, 한 줄 혹은 한 마디 만들고 나서 몇 날 몇 달 심지어는 몇 년이 흐른 뒤에 우연한 계기로 실마리가 풀려서 작품이 완성되기도 한다.

안무를 만드는 작업도 마찬가지다. 가수가 부르는 노래 가사의 의미를 대중들에게 더 잘 전달하도록 표현하는 것이 안무다. 그러려면 그 내용을 더 알기 쉽고 이해하기 좋게 안무를 창작해야 한다. 음악 창작자가 소설, 영화, 음악, 신문 기사 등에서 아이디어를 얻어 작품을 만드는 데 응용하듯이, 안무에서도 똑같이 적용된다고 보면 된다. 어느 유명한 K-POP 안무가가 병원에서 간호사가 주사를 놓을 때 환자의 손목을 두드리는 동작에서 아이디어를 얻어 안무를 만들었다는 기사를 본 적이 있는데, 이런 것이 다 스펀지가 되어서 흡수한 결과다. 물론 현실을 다른 시각으로 재해석하여 창작물로 새롭게 승화시키는 남다른 시각과, 아티스트가 그 감정과 생각을 진실하게 전달하게 해 주는 노력도 필요하다.

솔루션 인터뷰(작곡)　　　　　　　**작곡가 김형석**

명실상부 대한민국 최고의 작곡가
김광석 「사랑이라는 이유로」, 솔리드 「이 밤의 끝을 잡고」, 김건모 「첫인상」,
박진영 「너의 뒤에서」 등 한국음악저작권협회에 1000곡 이상 등록되어 있다.
이문세, 임재범, 인순이, 김광석, 신승훈, 성시경, 임창정, 박진영, 엄정화, 김건모,
조성모, 김조한 등의 발라드곡을 다수 작곡했다.

오직 위대한 '고쳐 쓰기'가 존재할 뿐

영감을 얻는다는 표현보다는, 직업 작곡가는 어떤 스타일의 곡을 써 달라는 의뢰가 있는 경우가 더 많기 때문에 목적에 따라 영감을 찾아간다는 게 더 정확한 표현일 것 같다.

매일 시간을 정해서 피아노 앞에 앉아서, 그날 기분 따라 손이 가는 대로 피아노를 연주한다. 그렇게 몇 시간이고 반복하면서 한 마디 혹은 한 절의 모티브를 찾아내고, 그걸 확장해 나가면서 구조를 잡아 간다. 그 과정에서 아주 가끔 나오는 좋은 모티브들은 당장 전체의 곡으로 완성하지 못하더라도 꾸준히 기록하고, 쌓인 모티브들을 다양한 방식으로 배열하고 변형해 본다. 즉 나에게 있어서 곡을 쓴다는 것은 어느 날 '짠' 하고 나타나는 게 아니라 무식하리만큼 반복 작업을 통해서 쌓아 가는 것이다.

이 글을 읽을, 작곡이라는 분야로 파고 들어가고 싶은 분들에게 '노력과 끈기'라는 식상한 말을 하고 싶지는 않다. 당연히 천재는 존재한다. 번득이는 영감과 뛰어난 기교, 그리고 평범한 사람들이 상상하지 못하는 화음과 사운드를 당연하다는 듯이 던지는 사람들 말이다.

하지만 오랜 기간 작곡가로 생활해 오면서 깨달은 건 곡은 심장으로 만드는 게 아니라 손으로 쓴다는 것이다. 어느 소설가가 얘기한 것처럼 "위대한 글쓰기는 존재하지 않는다. 오직 위대한 고쳐 쓰기만 존재할 뿐이다."라는 말은 음악에도 적용된다. 음악에는 무한대의 조합이 가능한 음표와 화음, 리듬이 있다. 「학교종이 땡땡땡」을 고치고 고치고 또 고쳐 볼 때만 새로운 음악이 (혹은 음악적 표현이) 나온다. 처음 잡아낸 신선한 모티브가 '이제 지겨워서 더 이상은 못 듣겠다.'라는 생각이 들 때에 이르러서야, 그 곡은 비로소 세상에 나올 준비가 된 것이다.

혹시 직업적 작곡가가 되기를 원한다면 어떤 곡이든 일단 써 보기를. 요즘은 노트북 한 대로 오케스트라 구성부터 각종 신스 사운드를 만들어 낼 수 있다. 그런 좋은 환경을 활용해서 최대한 많은 곡을 많이 고쳐 써 보라. 내가 만드는 음악이 주류 팝이나 장르 음악과 비교해서 초라해 보인다고 해도 신경 쓰지 말고. 그 과정에서 독특하고 성의 있는 새로운 음악이 나오는 것이다. 음악에 옳고 틀림은 없다.

솔루션 인터뷰(안무)

**안무가
이주선**

안무팀 '매니아' 단장
god, 싸이와 데뷔 초부터 현재까지 함께 작업
「강남스타일」 안무로 2013년 가온차트 K-POP어워드 스타일상 안무 부문 수상

춤은 내가 즐거워야 남도 즐겁다

그저 춤이 좋아 댄서가 되고 안무가로 활동한 지 거의 30년이 다 되어 간다. 그동안 싸이부터 god, 티아라, 해외 다국적 아이돌 그룹인 zboys(지보이스), zgirls(지걸스) 등 수많은 가수와 함께 안무 작업을 하면서 춤이 일상이 돼 버렸다. 특히 싸이의 「강남스타일」이 나온 지 벌써 10년이 넘었는데도 아직 노래와 춤을 기억해 주는 전 세계 팬들이 많다. 「강남스타일」

의 말춤을 만든 안무가로서 무척 뿌듯하고 감사한 일이다.

말춤도 그렇지만 안무가로서 춤으로 이 가수를 띄워야겠다는 생각으로 처음부터 안무를 짠 적은 단 한 번도 없다. '사람들이 좋아할 수 있는 게 뭘까?'보다는 '이 가수가 뭘 하면 혹은 어떤 걸 하면 재미있게 즐길 수 있을까?' 그런 의도로 접근해 안무를 짜는 편이다. 특히 싸이의 시그니처 춤이 돼 버린 말춤이 국내외에서 인기를 얻으면서 안무가인 나도 덩달아 스포트라이트를 받게 됐는데, 말춤을 이미 세계 1등 춤으로 만들어 놓아서 다음에 작업하는 데 심적 부담감이 컸다. 한번 히트하면 다음 춤에 대한 대중들의 기대감이 커지기 때문이다.

그때 내가 가장 많이 들었던 말이 "안무를 짤 때 영감을 어디서 얻나?"라는 질문이다. 나는 대부분의 시간을 연습실에서 살다시피 하며 밤샘 작업도 불사하고 연습하는 편이다. 안무를 짤 때 다른 데는 집중 안 하고 오로지 춤에만 집중한다. 그러다 보면 어느 순간 곡에 맞는 안무가 나온다. 결국 좋은 안무는 충분한 연습을 통한 노력과 땀의 결과다. 노력과 땀은 절대 배신을 안 하기 때문이다.

「강남스타일」말춤 성공 이후 싸이의 「젠틀맨」 작업까지 성공시키고 「대디」 앨범 안무를 1년간 짠 적이 있다. 너무 힘든 시간이었지만 안무를 짜는 동안 느낀 게 있다. 바로 본인이 즐기지 못하면 좋은 안무가 나오지 않는다는 것이다. 무조건 즐겨야 한다. 그렇다 보니 그게 어느덧 내 춤에 대한 철학이 되었다.

과거 한때는 영감을 얻기 위해 클럽을 다닌 적도 있다. 일반 사람들은 춤을 어떻게 추는지, 그러니까 춤을 배우지 않은 사람들이 즐겁게 추는 춤이 뭔지 궁금했다. 춤이라는 게 자기가 즐거워야 남도 즐거운 법이니까. 본인이 즐겁지 않으면 보는 입장에서도 불편하다. 연습실에서 아무리 연습하고 머리를 쥐어짜도 좋은 안무가 안 나올 때 클럽 음악에 몸을 맡기다 보면 자연스레 동작이 나오기도 한다.

춤을 창작하거나 안무가의 꿈을 꾸고 있는 친구들에게 해주고 싶은 말이 있다. 어느 분야든 창작의 고통은 있을 수밖에 없다. 춤은 타고나지 않아도 열심히 노력하고 연습하면 발전할 수 있다. 즐기는 자가 일류다. 안무가를 꿈꾼다면 춤을 있는 그대로 즐기라!

뒤늦게 연예인이 되려고 결심했는데,
무엇을 해야 하나요?

일찍 시작한다고 좋은 건 아니다

아역 배우로 연기 생활을 시작하여 성인이 되어서까지 계속 활동하는 연예인들이 생각보다 많이 없다. 가끔 TV 프로그램에서는 어려서부터 한 분야에서 신동이나 천재 소리를 들었던 사람들을 찾아보기도 하는데, 의외의 직업을 선택해서 살아가고 있거나 어렸을 적 두각을 드러냈던 분야에서 성공하지 못한 삶을 살아가는 이들이 많다. 저마다 다른 사정이 있겠지만, 너무 일찍 접한 나머지 도리어 흥미를 잃거나 자신의 자질만 믿고 연습과 노력을 게을리하다가 결국 경쟁자들에게 밀리지 않았을까 조심스럽게 추측해 본다.

2002년 월드컵 4강의 주역 히딩크 감독이 "축구를 잘하려면 축구를 즐겨라."라고 한 말이 한국 축구계에 큰 화제가 된 적이 있다. 무조건 이기는 것이 축구의 전부인 것처럼 인식돼 왔던 터라, 당시 히딩크 감독의 말은 신선한 반향을 일으켰다. 지금 생각해 봐도 저 말은 지극히 옳다. 모든 프로의 세계에서 지속해서 성장하고 최고의 위치에 오르려면, 자기 일을 항상 재미있어하고 즐기면서 해야 하기 때문이다.

주변을 단순화하고 하나의 목표에 전념하기

물론 남들과 비슷한 시기에 연예인이 되는 것이 당연히 좋다. 그러나 사람의 일이라는 것이 순차적 시간의 흐름 속에서만 일어나지는 않는다. 때를 놓쳐서 동년배들보다 상당히 늦은 시기에 연예인의 길에 들어서는 이들도 종종 보인다. 40대가 넘어서야, 참여한 작품이 크게 성공하여 무명의 설움을 떨치고 일반 대중들에게 확실히 인식되는 것이다.

늦깎이 연예인이 되려고 한다면, 이제는 인생의 마지막 기회라고 생각하고 가장 먼저 주변을 단순화시킬 필요가 있다. 그런 뒤 하나의 목표를 향해 모든 힘을 쏟아야 한다. 물론 자신만의 개성 있는 연기를 완성하는 것도 중요하다. 젊은 스타 연예인으로 인기를 얻을 나이는 이미 지났기에, 조연으로서 필요한 개성 강한 연기 색깔을 만들어야 한다. 그러기 위해서는 자신을 객관적으로 파악해야 한다. 연기력과 개성을 갖출 뿐만 아니라, 자신만의 특기나 장기를 준비해 두는 일도 잊어서는 안 된다.

실속 있는 기획사를 찾아라

젊어서 주인공만 했던 연예인들도 나이가 들면 조연의 역할을 맡는다. 도리어 늦게 연예인이 되려는 사람들은 처음부터 생활형 연예인으로 시작하기에 심리적으로 더 편하게 연예인 생활을 하기도 한다. 사고방식만 조금만 바꾸면 더 즐겁게 준비하면서, 더 길게 생활 연예인으로 살아갈 수 있다.

더불어 중요한 것은 연예인 세계에 자신을 잘 홍보하여 프로그램에 참여할 기회를 얻는 것이다. 따라서 자신만을 위해서 전념해 줄 기획사를 찾아야 한다. 요즘 같은 시대에, 더구나 뒤늦게 연예인에 뛰어들어 혼자만의 힘으로 이 길을 뚫어 보려는 시도는 무모하기 짝이 없다. 과거에는 감독이 직접 길거리 캐스팅도 했으나 요즘은 모든 것이 기획사를 통해서 캐스팅이 이루어지니, 네트워크가 넓은 기획사에 소속되어야 한다. 우리나라에서는 비공식적으로 오디션을 하는 곳이 많아서 개인이 작품의 감독이나 작가와 접촉하여 자신을 알리기가 힘들다. 처음에는 기획사의 네트워크를 백 프로 활용하여 오디션이나 캐스팅의 기회를 얻는 게 중요하다.

방송국이나 영화사 등에 미치는 영향력 면에서 대형 기획사가 소형 기획사보다는 좋다고는 볼 수 있으나, 그렇다고 대형 기획사가 절대적인 답은 아니다. 대형 기획사에 들어가서 많은 연예인 속에 묻혀 관심과 관리를 받지 못하면 몇 년간 허송세월하다가 계약을 파기하고 나오기 쉽다. 소형 기획사 대표지만, 이 분야에 발이 넓어서 실속 있게 소속 연예인들을 연결하는 분도 많다. 뒤늦게 연예인을 시작하려는 사람은 후자의 기획사가 더 적합하다고 하겠다.

2011년 3인조 힙합 그룹 팬텀으로 데뷔
2015년 솔로 정규 1집 「365」 발표
「SHOW ME THE MONEY 4, 6」 「놀라운 토요일」 등 출연

마음을 열어야 무슨 일이든 생긴다

나는 특별히 꿈이 없는 부산의 평범한 고등학생이었다. 음악 듣기를 좋아하고 가끔 직접 해 보면 어떨까 하는 마음도 있었지만, 주변에 예능과 관련된 친구가 아무도 없어서 속으로만 되뇌다 말았다. 그러다 수능 성적 맞추어 대학에 진학하게 되었고, 입학 후 곧 허무해졌다.

특별한 도전 없이 삶에 적응만 해 나간다는 것이 한 학기 마치는 순간 재미없게 느껴졌다. 동시에 내가 지금 듣고 있는 음악들보다 내가 더 잘할 수도 있겠다 하는 근거 없는 자신감이 생겨, 1학기만 마치고 바로 서울로 올라왔다.

그 후에 아르바이트를 하며 실용음악학원에 등록했다. 거기서 레슨을 중요하게 생각했다기보다는 또래나 선생님들에게 여러 회사의 정보를 많이 얻었던 것 같다. 그리고 틈틈이 녹음한 파일들을 가고 싶은 회사들에 보냈다. 공식 루트가 따로 없으면 SNS 메시지로도 보냈다.

그러다 운이 좋게도 내가 가고 싶은 회사에서 SNS를 통해 연락이 왔다. 그렇게 솔로 래퍼로 활동하고 싶은 내 생각과는 조금 다른 보이그룹을 준비하게 되었다. 그 보이그룹 경쟁에서 탈락한 뒤에는, 혼자서 믹스테입도 발매하고, 다른 3인조 그룹으로 데뷔도 하게 되었다.

하지만 데뷔하고 나서도 큰 변화는 없었다. 나에겐 변화가 필요했다. 겁이 났지만 잘할 수 있다는 걸 보여 주고 싶은 마음에 힙합 경연 프로그램에 나가게 되었다. 그걸 계기로 숫기 없었던 성격에 말도 제대로 못 했던 내가 방송 일을 시작하게 되었다. 그 뒤로 12년이 지난 지금까지 정말 다양한 활동을 하고 있다.

사람이 살아가면서 어떤 변수가 생길지는 누구도 예측하지 못한다. 겁이 나는 순간도 생기고 무엇을 앞두고 '혹시나 잘못되면 어떡하지.'라는 지레짐작으로 걱정부터 할 때가 많다. 나 또한 그랬던 사람이라 너무나 공감한다.

하지만 회사 대표에게 SNS 메시지를 보내 본 것, 힙합 경연 프로그램에 나가 본 것, 예능 프로그램에서 열심히 노력해 본 것 등등, 그리고 그 외의 수많은 선택에서 일단 긍정적인 마음으로 해 보려고 했던 게 지금 행복하게 활동할 수 있는 큰 자양분이 되었던 것 같다. 마음을 열고 무엇이든 다 경험해 보시길 바란다.

연예인을 준비할 때
가장 조심해야 할 것은 무엇인가요?

이 동네엔 사기꾼이 너무 많다

　연예인을 준비할 때 가장 조심해야 할 것은 사람이다. "열 길 물속은 알아도 한 길 사람 속은 모른다."는 옛말이 괜히 있는 게 아니다. 특히 이 연예계에는 사기꾼들이 매우 많다. 연예인이 되려고 하는 사람들은 많은데 이 분야 전문가를 만나기는 어려운 탓에, 자신을 경력자라 속이는 사기꾼들에게 당하기가 일쑤다. 단순한 브로커부터 사기 기획사까지, 개인에서 회사의 규모로 사기 행각을 벌이기도 한다. 이미 프로의 세계에 뛰어든 연예인들조차도 기획사에 들어갔다가 엄청난 시간과 돈을 낭비하고 결국 소송까지 가서, 활동을 중단하게 되는 사례가 심심치 않게 있다. 뉴스에 나오는 연예인 사기 사건을 보면 왜 돈까지 날리면서 사기를 당할까 의아해하겠지만, 오로지 스타라는 꿈을 향해 달리다 보면 사기꾼을 만났을 때 분별력이 없어지기도 한다. 사기꾼들 또한 예비 연예인들의 가장 취약한 부분을 너무나 잘 알고 있어서 점점 더 지능적으로 사기를 치려 든다.

기획사도 사기를 친다

구조적으로 우리나라 연예 산업이 공개적이지 않다 보니 더욱 이러한 피해가 발생하는 듯하다. 드라마 오디션을 보더라도 공개 오디션을 보기보다는 대형 기획사에 소속되어 있어서, 또는 작가와 감독과의 개인적 친분으로 비공개 오디션을 볼 때가 더 많다. 일반 연기자 지망생들은 정보의 부재 속에서 기회조차 얻기가 힘든 상황이다. 대학 방송연예과 학생들도 마찬가지다. 대기업에 취직 시험을 보듯이 드라마 오디션에 참여할 수 있겠다 싶겠지만, 실제로는 4학년이 되어도 어떻게 오디션 기회를 잡는지 모르는 학생이 태반이다.

이러한 취약점을 이용해 사기꾼들이 지망생들에게 접근한다. 오디션 기회를 준다고 한다든지, 이번에 들어가는 드라마의 작가나 감독, 아니면 제작사 대표를 잘 알고 있으니 자기가 연결해 주겠다고 하면서 금전을 요구하는 식이다.

또 기업적으로 사기를 치기도 한다. 소형 기획사를 설립한 뒤에 자신의 경력을 과대 포장하여 마치 연예계에 엄청난 입지가 있는 것처럼 꾸며내, 스타로 만들어 줄 테니 소속사로 들어오라고 하는 것도 흔한 수법 중 하나다. 이렇게 사기꾼의 감언이설에 속아서 기획사에 들어가게 되면 다음 단계로 홍보 마케팅비를 써야 한다며 돈을 요구하기도 하고, 감독이나 작가한테 고정 출연 대가로 거액의 비용을 줘야 한다며 돈을 갈취하기도 한다. 이 분야를 모르는 부모님들은 자식들의 앞날을 위해서 할 수 없이 돈을 주었다가 고스란히 다 뜯기고 만다.

연기자 기획사뿐만 아니라 가수 기획사도 유사한 방법을 쓴다. 이들도 역시 이 분야에 대해서 잘 알고 있는 것처럼, 유명 프로듀서나 작곡가들과 관계가 있는 것처럼 얘기한다. 또 실제로 과거에 어느 정도 이 분야에서 활동했던 기획사 사장이 사기를 치는 경우도 있다. 상황이 이러하니 일반인이 사기꾼을 더욱 구별하기가 어렵다.

조심하기 위해 체크해야 할 3가지!

이러한 사기 수법에 당하지 않으려면 다음 세 가지를 숙지하면 좋을 것이다.

첫째, 기획사의 사장이 과거에 실제로 신인을 스타로 키운 경력이 있는지 확인해야 한다. 겉보기에는 소속 연기자의 라인업이 화려해 보이나, 이는 돈으로 회사를 샀기 때문일 수도 있다. 실제로는 그런 스타들을 키울 만한 실력과 경험이 없는 회사라는 얘기다. 이런 회사에 들어가면 시간 낭비만 하게 될 확률이 높다.

둘째, 어느 정도 자금력이 있는지 회사의 재무 상태도 알아보자.

소속 연예인을 마케팅하고 스타로 만들기 위한 투자가 있어야 하는데, 먹고살기에 바빠서 직원들 월급 주기에 급급한 회사가 많다.

셋째, 어떤 비전이 있는지도 중요하다. 연예인들을 이용해 매출만 올리고, 나중에는 대표가 회사를 팔아서 개인 자금을 현금화한 뒤 소속 연예인의 미래를 내팽개치기도 한다. 이러한 회사에 들어가면 이용만 당하기 쉬우니 그 전에 회사의 평판을 알아보아야 한다.

다음은 소속사와 관련된 문제는 아니지만, 지금은 스타가 된 연예인의 지망생 시절에 벌어졌던 한 사건이다. 다양한 이해를 돕고, 또 경각심을 높이는 차원에서 그 이야기를 한번 들어 보자.

솔루션 인터뷰   배우 홍수아

2003년 패션 잡지 《쎄씨》 모델로 데뷔
「논스톱 5」, 「온주량가인(溫州两家人)」, 「억만계승인(亿万继承人)」 출연
2021년 제9회 대한민국 예술문화인대상(방송 연기자 부문)

가장 조심해야 할 것은 사람

나는 열일곱 살 겨울방학에 친구와 동대문에 놀러 갔다가 길거리 캐스팅이 되었다. 그때가 한창 길거리 캐스팅이 유행하던 시기여서 믿어도 되는 사람인가가 관건이었다. 캐스팅되기 전까지만 해도 연예인을 하고 싶은 생각이 전혀 없었기 때문이다.

부모님과 매니저의 상의 끝에 나는 연기 트레이닝을 받기 시작했다. 매일 학교 4교시가 끝나면 버스와 지하철을 타고 수원에서 강남을 오가며 연기 수업을 받았다. 집에 돌아올 때는 막차 타고 오거나 어머니가 차로 데리러 와 주시곤 했는데, 그때를 생각하면 어떻게 수원에서 강남까지 매일 연기 수업을 다녔는지 모르겠다. 딸을 생각하는 어머니의 마음을 아직도 잊을 수가 없다.

그 후로 운이 좋게 《쎄씨》 잡지 모델로 데뷔하게 되었고, 하하 오빠와 함께 엠넷에서 하는 「쇼킹 M」의 MC를 맡게 되었다. 그리고 MBC 시트콤 「논스톱 5」, 영화 「잠복근무」로 작품 데뷔도 하게 되었다.

이렇게 데뷔하게 된 계기를 설명하는 이유는 항상 사람을 조심해야 한다는 얘기를 하고 싶어서다. 매니저를 가장한 사기꾼들이 많으니 경각심을 가지라고 말해 주고 싶다.

열여덟 살쯤에 있었던 일이다. 나는 학교가 끝난 후 집에 가려고 버스를 기다리고 있었다. 20분이 지나도 버스가 안 왔고, 교복 입은 여학생이 버스 정류장에 홀로 서 있자 어떤 아저씨가 집이 어디냐고 물어봤다. 그러고는 가는 방향이 같으니 태워 준다고 했다. 집에 빨리 가고 싶은 마음에 나는 의심도 없이 그 차에 올라탔다.

어느덧 우리 동네에 가까워져서, 나는 그만 내려 달라고 했다. 그런데 그 아저씨는 차를 세우지 않고 계속 달렸다. 순간 소름이 돋았다. 달리는 차 안에서 뛰어내릴 수도 없는 노릇인데, 차가 동네 옆 저수지로 들어가는 것이었다. 어떻게 도망쳐야 하나 심장이 두근두근 뛰고, 너무 무서웠다. 아저씨는 차를 세우더니 예쁘게 생겼다며 연예인 데뷔를 시켜 주겠다고, 모텔에 가서 벗은 몸으로 영상을 찍으면 연예인을 할 수 있다고 날 설득하려 했다. 나는 정중하게 거절했다. "저는 연예인 할 생각이 없어요. 빨리 집에 가야 해서요." 그러고는 차에서 내리자마자 온 힘을 다해 전력 질주로 도망쳤다. 저수지 주변을 얼마나 달렸는지 정말 그때 생각만 하면 끔찍 그 자체라 아직도 식은땀이 날 정도다.

어린 시절 끔찍했던 기억, 위험했던 순간을 다시 꺼내는 이유는 가장 무서운 것이 사람이라는 사실을 이 책을 읽는 분들에게 꼭 알려 드리고 싶어서다. 어린 마음에 집에 빨리 가고 싶어서 모르는 사람의 차를 함부로 탔던 나의 잘못도 있겠지만, 사회에 흉악한 범죄가 늘어나고 있고, 또 언제 어디서 벌어질지 모르니 항상 의심하고 조심해야 한다. 인생을 살아가면서도 가장 중요한 건 사람 조심하는 일이다. 함부로 믿지 말고 상처받지 말자. 그리고 꿈이 있다면 후회 없도록 최선을 다해 도전해 보자. 그대들의 도전을 응원한다.

연예인이 되려면
외국어를 잘해야 하나요?

엔터테인먼트 분야도 이제는 글로벌화되어 영어 실력이 경쟁력 확보에 중요한 요소가 되었다. 과거에는 간단한 인사만 한 뒤에 한국어로 말하면 통역사가 외국어로 통역해 주는 방식이었으나, 요즘에는 스포츠 스타들이나 K-POP 가수들이 직접 영어로 인터뷰하는 모습이 종종 보인다. 글로벌 시대에 적극적으로 대응하려면 영어 정도는 자유자재로 의사소통할 수 있도록 평소에 공부해 놓는 것이 좋다.

일단, 영어 시험을 통과해 자격증을 따서 유학이나 취직을 할 것이 아니니, 회화를 중심으로 공부해야 한다. 토플이나 토익 점수가 높게 나오는 학원 공부는 쓸모가 없고, 외국인과 일정 시간 대화하며 공부하는 것이 가장 좋다. 언어를 배울 때는 사람과 사람의 의사소통이 가장 중요하다는 얘기다.

외국인들이 한류에 관심을 갖고 한국으로 유학을 오거나 한국어를 배우는 데 큰 영향력을 끼친 것 중 하나가 드라마다. 한류 드라마를 보고 한국어를 배워서 유창하게 하는 외국인들이 점점 늘어나고 있지 않은가. 한류의 영향력이 높은 미얀마에서는 저녁 뉴스를 하기 전에 한국 드라마를 월요일부터 금요일까지 방송한다. 미얀마 어디를 가든 젊은이들이 한국어로 인사하면서 간단한 의사소통을 한다. 이처럼 드라마를 통해 다른 나라의 언어를 배우는 것도 좋은 방법 중 하나다. 드라마로 언어를 공부하게 되면 그 시대의 패션, 음식, 유행 등 여러 가지 문화적 공부도 함께 할 수 있다는 장점이 있다.

눈치 보지 말고, 일단 말하라

외국에 나가면 듣고 이해는 하는데 정작 표현을 못 하고 벙어리로 있을 때가 많다. 특히 한국 사람들은 체면을 차리는 문화가 강해서 완벽하게 되기 전에는 말이 입 밖으로 잘 나오지 않는다.

연예인 중에서도 외국어에 능한 부류가 있는데, 바로 개그맨들이다. 외국어 학습서까지 출간할 정도로 외국어에 능통한 이들이 종종 보이지 않는가. 김영철의 영어, 조혜련의 중국어 등이 그렇다. 남들 눈치 보지 않고 바로 흉내 내고 따라 하기를 잘해서 외국어에도 잘 적응하는 듯하다.

개그맨들을 보고 배우자. 그들이 언어를 대하는 태도를 배우자는 말이다. 조금 서툴러도 괜찮다. 완벽하지 않아도 된다. 다만 눈치만 보면서 입을 꾹 다물고 있으면 실력이 늘지 않으니, 일단 말해야 한다는 걸 잊지 말자.

다음은 다국적 걸그룹에 속한 한 멤버의 외국어 경험담이다. 실제로 외국어에 대해서 어떤 생각을 하고 있는지, 또 어떻게 이를 배우고 활용하는지 들어 보자.

드림캐처 유현

7인조 걸그룹 드림캐처 리드보컬
2017년 싱글 「악몽」을 발표하며 데뷔

완벽하지 않아도 자신감을 갖고

보통 노래와 춤 실력을 잘 갖추는 것이 아이돌의 자질이라고는 하지만, 요즘엔 하나가 더 추가되었다. 바로 외국어다. 이제는 아이돌도 외국어가 선택이 아닌 필수인 시대가 왔다. K-POP이 전 세계적으로 인기를 얻으면서 아이돌 또한 해외 진출의 기회가 많아졌다. BTS, 블랙핑크 선배님들이 유창한 외국어 실력으로 해외에서 다방면으로 활동하며 글로벌 팬들과의 소통하고 음악적 견해를 자유자재로 표현하는 모습을 보면, 외국어 공부 또한 아이돌 자질에 있어 아주 중요하다는 생각이 든다. 특히나 우리처럼 다국적 아이돌 그룹도 많이 생겨나면서 멤버들 간 소통을 위해서라도 외국어 공부는 필수다.

이런 중요성을 깨닫고 나도 외국어 공부를 틈틈이 하고 있다. 외국어 실력을 늘리기 위해선 미디어에 자주 노출되고, 또 자신감을 갖는 것이 가장 중요하다고 생각한다. 그런데 아무래도 노래와 춤 연습에 매진하다 보면 외국어에 집중할 시간이 부족해서 일부러라도 외국 미디어에 나를 많이 노출하려고 노력한다. 그렇게 하다 보니 좀 더 자연스러운 외국어 표현을 사용하며 익히게 되었고, 나아가 자연스레 외국의 문화나, 유행 요소들을 접하게 되었다. 또 그렇게 배운 걸 다시 반복적으로 사용하다 보면 어느 순간 내 영어 실력에 스스로 깜짝 놀랄 때가 있다. 완벽한 외국어를 구사하지 못해도 기죽지 않고 자신감을 갖고 매일 노력하는 자세가 중요한 것 같다.

재능은 타고나는 건가요,
만들어지는 건가요?

재능은 길게 보고 접근해야 한다

어느 분야나 재능을 타고난 천재는 있다. 음악, 미술, 체육 등 각종 분야에서 탁월한 업적을 이룬 아티스트가 역사적으로도 많다. 한편 신동이라 불리다가 어른이 되어서는 흔적도 없이 사라지는 이들도 있다. 이는 연예계에서도 마찬가지다.

어렸을 때는 두각을 드러내지 못하다가 나이가 들어 스타 반열에 오르는 연예인을 종종 본다. 지금까지 나의 개인적인 경험상, 타고난 재능을 가졌는데 남들보다 더 노력까지 한 천재는 분명히 성공한다.

물론 그러한 사람은 극소수다. 대부분 후천적으로 노력해서 스타가 되는 연예인이 더 많다.

과거 우리나라 야구 선수 중에서 타고난 재능을 갖춘 투수가 나타나면 중·고등학교 시절에 너무나 혹사를 시켰다. 그래서 정작 대학교나 프로팀에서 활약할 때는 팔이 망가져 경력을 마감하는 불운한 선수들이 많았다. 그러나 외국에서는 재능 있는 선수를 발굴하면 그 선수의 앞날을 위해 철저히 관리하며 성장시킨다. 스포츠 선수든 연예인이든 재능은 길게 보고 접근하는 것이 정답일 가능성이 크다.

타고난 재능 vs 노력하는 재능

인생은 길다. 자신이 평생 일하려는 분야에서 스타가 되기 위해 조급하게 서두를 것이 아니라 길게 내다보고 내실을 닦는 것이 중요하다. 운이 좋아서 20대 초반에 대중의 우상이 될 수도 있지만, 그 밑천이 드러나면 곧바로 내리막길로 접어드는 것이 이 업계의 생리다.

반면, 실력만 있으면 언젠가는 기회가 와서 대중들의 사랑을 많이 받기도 한다. 실제로 40대에 스타가 되는 분도 있고, 50, 60대에도 스타가 되는 분도 있다. 내가 본 바로는, 이러한 분들은 포기하지 않고 계속 연습하며 꿈을 키워 오다가 기회가 왔을 때 이를 놓치지 않고 한 번에 스타가 되었다. 같은 분야에서 끈기 있게 버티다 보면 언젠가 기회는 찾아오기 마련이다. 살다 보면 세 번의 인생 기회가 온다고 하지 않던가. 연예인을 꿈꾸는 예비 스타들도 그 기회가 10, 20대에 올 수도 있고 40, 50대에 올 수도 있다. 중요한 것은 기회가 왔을 때 놓치지 않는 것이다. 이때 기회를 살리는 것이 바로 실력이다.

　일반적으로 말하자면, 결국 재능은 타고난 것이 아니라 만들어진다. 노력해서 실력을 갖춘 재능이 더 무섭고, 성공할 가능성이 더 크다는 얘기다. 연기자가 20대에 연기를 잘한다고 칭찬을 듣는 건 거의 불가능하다. 인생을 알고 온갖 경험을 다 해 보는 과정을 거친 뒤에야 진정한 연기력이 생긴다. 개인적인 생각으로는, 40대 정도가 되어야 인생의 깊이를 알고 그것이 연기에 반영된다고 본다. 그러니 그 기간까지 포기하지 않는 뚝심과 차곡차곡 실력을 쌓는 과정이 필요하다. 다시 한번 말하지만, 재능은 길게 보고 접근하는 것이 정답일 가능성이 크다.

솔루션 인터뷰   가수 양다일

R&B 싱어송라이터
2015년 디지털 싱글 앨범 「널」로 데뷔
정규 1집 「inside」, 2집 「our joys and sadnesses」

그래도 재능은 타고나야 만들어진다

결론부터 말하자면 재능은, 타고나야 만들어진다고 나는 생각한다.

특히나 노래라는 분야에서는 타고난 재능 없이는 무엇이든 만들어질 수가 없다. 일반 직장인분들이 시간을 내서 학원에 다니고 열심히 연습한다 한들, 노래의 여러 재능, 예를 들어 음감, 리듬, 소리 등 기술적인 부분에서 타고난 사람들을 따라갈 수는 없다.

물론, 유년기 때부터 꾸준히 배우고 그 분야를 계속 접하며 교육을 받았다면, 재능은 만들어진다고 볼 수도 있겠다. 하지만 그런 교육을 받고 자라는 아이는 그렇게 많지는 않을 것이다.

나 또한 노래를 고3 때 시작했다. 그 전까지는 단 한순간도 내가 노래를 잘한다고 생각해 본 적이 없고, 친구들 앞에서 노래를 불러 본 적도 없다. 그런데 노래를 곧잘 하는 나를 발견했다. 마치 운동을 할 때, 같은 나이대 친구들보다 운동신경이 좋고 몸 동작도 잘 나오고, 흉내도 잘 냈던 것처럼 말이다.

그러고 보면 절대 거스를 수 없다고 생각되는 것은 유전 (DNA), 즉 재능이고, 그다음으로 중요한 것은 환경이고 교육 방식인 것 같다.

나의 환경은 어땠을까. 어린 시절부터 나는 해외 팝 아티스트의 노래를 좋아했고, 집에서 혼자 노래를 찾아 들으며 따라 부르곤 했다. 그 당시 흥얼거리면서 흉내를 내다 보니 따라 하는 게 가능해졌는데, 난 누구나 다 그 정도는 하는 줄 알고 내가 노래를 잘한다고는 생각하지 못했다. 누군가에게 평가를 받을 환경이 아니었기 때문이다.

돌이켜 생각해 보면, 모든 아이가 따라 할 수는 없었을 거라고 생각한다. 나한테는 그 유전 DNA, 곧 재능이 있었기에 가능했겠지만, 그에 따른 교육 환경이 마련되지 않아서 가장 중요한 시기에 더 많은 교육을 받지는 못했다. 그랬다면 지금 더 수월히 더 멋지게 내 노래를 부를 수 있지 않았을까 하는 생각도 든다.

운동이라고 다를까, 공부라고 다를까? 살다 보니 정말 엄청난 재능을 마주할 때가 있지 않나. 엄청난 연습을 하고 어떤 노력을 한다 한들 넘을 수 없을 것 같은 벽을 마주할 때가 있지 않나. 그런 경험을 하다 보니, 내가 생각하는 재능이라는 것의 기준이 높아져서 이런 생각을 하게 된 이유도 있는 것 같다!

수없이 많은 학생도 가르쳐 보았지만, 우선 나 자신을 놓고 보았을 때 재능은 일단 타고나야 만들어질 수도 있다고 생각한다.

무명 시절을 견디는 힘은 무엇인가요?

단순하지만 중요한 것, 자신에 대한 믿음

진정 이 길을 끝까지 가는 사람 중에서 인생 중반, 즉 40대에 출연한 작품이 대히트해서 하루 만에 인지도가 커지는 이들을 종종 본다. 지금까지 경험상 40대가 제일 많았는데, 요즘에는 50대 심지어는 70대에 무명 시절의 아픔을 극복하고 스타의 길로 가는 인생 역전 드라마도 있다.

그들이 무명 시절을 견디며 지속하는 비결은 과연 무엇일까? 하나는 '자신에 대한 믿음'이고, 다른 하나는 '생활형 연기자를 목표로 하는 현실 감각'이라고 나는 생각한다.

먼저, 자신에 대한 믿음을 가져야 한다. 올림픽에서 큰 스코어로 뒤지고 있다가 마지막에 계속 점수를 따서 역전하는 펜싱 경기도 있고, 9회 말 투아웃 이후 대역전을 하는 야구 경기도 있다. 실력만 있으면 기회가 한 번은 찾아오기 마련이니, 그 기회를 놓치지 않으려면 자신에 대한 믿음으로 무명 시절을 버텨 내고 있어야 한다.

생활형 연예인이 어때서? 버티는 자가 승리한다

자신감이 있는 사람들도 대부분 생활고로 도중에 포기하곤 한다. 사실 영화나 드라마나 어느 작품이 대박 날지 아는 사람은 한 명도 없다. 기대가 큰 작품보다는 전혀 예상치 못한 작품에서 초대박이 나기도 한다. 그럴 때마다 그 작품에 출연했던 연기자, 특히 그동안 빛을 보지 못했던 무명 배우들이 스포트라이트를 받고 연예계에 급부상한다. 출연료도 인지도가 생기기 전보다 10배 정도 늘어나는데, 회당 50만 원 받다가 대박 난 이후에 500만 원 정도까지 받는 연기자도 보았다.

이러한 시간을 참고 견디려면 생활형 연기자가 되는 것도 불사해야 한다고 말하고 싶다. 조연이나 엑스트라로 출연한다고 해도, 이 일을 천직으로 생각하고 늙어서도 이 직업을 한다는 각오가 있어야 언젠가 찾아올 기회를 움켜쥘 수 있다. 초대박 작품은 로또 당첨과도 같아서, 언제 어떻게 터질지 모른다. 복권에 당첨되려면 당연하게도 복권을 계속해서 사는 행위가 있어야 하는 법이다.

그러나 실제로는 이러한 시련의 시기를 견디면서 연기 생활을 이어 가기는 절대 쉽지 않다. 주변의 따가운 시선을 견뎌야 하고, 외롭고 힘들고 지칠 때도 앞서 얘기했듯이 자신에 대한 믿음이 흔들리지 않아야 한다. 독하게 마음 먹지 않으면 절대로 성공할 수 없는 길이다. 언젠가는 내가 주인공이 되는 시대가 온다는 확고한 믿음, 그리고 생활 연기자도 불사하는 현실적인 감각, 이 두 가지를 모두 갖고 있어야 그 시간을 버텨 나갈 수가 있다.

뮤지컬 배우
민영기

1998년 오페라 「돈 죠반니」로 데뷔
뮤지컬 「화성에서 꿈꾸다」, 「이순신」, 「삼총사」 등 출연
2007 더뮤지컬어워즈 남우주연상, 2008 대한민국 문화연예대상 뮤지컬 부문 남자연기상

연습은 무명 생활을 버티는 동력

무명 생활을 할 때 나는 기회를 기다리고 있었다.

물론 실력 향상을 위해 많은 노력을 했다. 2001년 서울예술단에 입단해서 연기, 춤, 노래를 전문적으로 교육받고 연습하며 단체 공연에 집중했다.

예술단 입단 후에 참여한 첫 작품이 셰익스피어의 원작「태풍(Tempest)」이었는데, 그때 맡은 배역이 병사 3이었다. 알론소 왕이 "우리가 길을 잘못 든 것이냐?"라고 하면 "아마 그런 것 같사옵니다, 폐하." 하는 것이 내 대사였다. 내가 성악을 전공해 목소리가 굵고 낮아서 연출자님께서는 코믹한 요소로 왕보다 더 왕 같은 소리를 내 달라고 하셨다. 그게 관객에게 어필이 되어 많은 웃음을 유발했다.

그 경험을 바탕으로 관객 반응은 '이런 것이구나.' 하면서 조금씩 욕심을 냈던 것 같다. 그래서 단체에서 매일 하는 한국 무용도, 연기 수업도, 개인적인 노래 훈련도 게을리하지 않았다. 사람은 누구에게나 때가 있고 기회가 찾아온다고 한다. 그런데 그 기회를 잡지 못하면 아무 소용이 없지 않은가? 기회가 찾아와 주기를 묵묵히 기다리며 실력을 갈고닦자! 그렇게 생각하면서 연습에 연습을 거듭했다.

한양대학교에서 성악을 전공할 때 담당 교수님이셨던 고성현 교수님께서는 "소리만 좋고 가사가 안 들리는 노래는 죽은 노래다."라고 늘 말씀해 주셨는데, 어쩌면 그게 뮤지컬 발성에 큰 도움이 되었던 것 같다. 감정을 노래로 표현하는 뮤지컬 배우가 가사 전달을 못 한다는 건 치명적인 결함이니까.

그래서 나는 가사 전달력에 큰 초점을 두고 공부했다. 예를 들면 소리를 입안의 뒷공간이 아닌 앞니 쪽으로 내려고 노력했다. 그래야 가사가 뭉개지지 않고 또렷하게 들린다. 그 연습을 반복하면서 무명 생활을 지냈던 것 같다.

그러던 2002년 어느 날, 뮤지컬 「로미오와 줄리엣」 오디션이 단체 내에서 있었는데, '이건 신인이 할 수 있는 기회다.'라는 생각에 그동안 준비한 것들을 다 보여 주고 기회를 잡아서 로미오로 발탁되었다.

물론 정식 더블이 아닌 언더성 더블이었지만 최선을 다해 무대에 올랐고, 메인 캐스트보다 더 뜨거운 호응을 얻어 그해 뮤지컬 시상식에서 신인상까지 받았다.

그것이 지금의 나를 있게 한 계기가 되지 않았나 싶다.

열정과 기다림, 그리고 그 기다림 속에서 기회를 잡을 수 있도록 나 자신을 준비하는 시간이 무명 생활을 버티는 힘이 되어 주었다.

2부

현장으로 가는 길

학교나 학원에서 아무리 체계적으로
배워도 현장에서 배우는 것보다는
절대적이지 않다. 현장을 체험하고
실전에서 스스로 깨닫는 것이 진짜
실력을 늘리는 방법이다. 그러나
이러한 실전 경험을 쌓으려고
프로의 세계에 진입할 기회를 얻기는
매우 어렵다.
이 부는 현재 현장에서 활동하는
연예인들에게 소중한 노하우를 듣는
간접 체험의 장이라고 할 수 있다.

현장 변화에 어떻게 대처해야 하나요?

　방송 일에서는 안 되는 일도 없고 되는 일도 없다고 관계자들은 말한다. 한 가지 분명한 점은 아무리 어렵고 힘든 문제가 생겨도 도중에 중단되어 방송이 안 되는 일은 극히 드물다는 것이다. 그동안 나는 어려운 상황에 부딪칠 때면 초인적인 힘으로 이를 극복하고 차질 없이 방송을 내보내는 방송 스태프들의 활약을 숱하게 봐 왔다. 편성된 방송이 온에어되지 못하는 경우는 전쟁이나 자연재해가 일어나 불가피할 때가 아니면 없을 것이다. 그만큼 방송인들은 프로 전문가로서 자기 직업에 대한 소명 의식이 투철하다.

현장에서 변수가 발생하는 것은 일반적인 일이다. 촬영 전에 작가, PD 등 모든 스태프가 시뮬레이션 회의와 준비를 철저히 한다고 해도 준비된 대로 순조롭게 촬영이 진행되는 일은 별로 없다. 내 경험상 촬영 전에 문제가 발생했을 때, 이를 해결하고 나면 오히려 촬영이 순조롭게 이루어진 적이 많았다. 그래서 개인적으로는 어떤 프로젝트를 준비할 때 문제점이나 난관이 생기길 은근히 기다리기도 한다. 그래야 마음의 안정을 찾고 일에 전념하는 묘한 심리적 상태가 있는 듯하다. 왜 우리 속담에 "매도 먼저 맞는 것이 낫다."라는 말이 있지 않은가.

최선이 아니라 차선의 예술

방송은 시간과의 싸움이다. 그래서 혹자는 방송을 최선이 아니라 차선의 예술이라고 말하기도 한다. 영화나 광고를 촬영할 때는 최선의 컷을 추구한다. 예를 들어 황혼의 저녁노을 씬을 촬영해야 할 때 만약 그날 원하는 분위기가 연출되지 않으면, 촬영을 접고 원하는 그림이 나오는 날 다시 촬영하는 것이 그쪽 업계에서는 일반적인 일이다. 그러나 방송은 다르다. 정해진 방송 시간이 있기에 오늘 원하는 저녁노을이 없어도 무조건 상황에 맞춰서 촬영을 완수해야만 한다. 설령 비가 온다고 할지라도 콘티를 수정해서라도 그날 촬영분을 찍으니 근본적인 마인드에서 차이가 있다. 방송이 '차선의 예술'이라는 말은 현장 변화에 늘 대처하면서 주어진 시간 안에 최선을 다해 촬영

해야 한다는 의미이기도 하다.

　방송 현장에서는 항상 시간에 쫓기는 데 익숙하다. 그래서 다른 분야의 사람들이 방송 일을 하면 적응하기가 쉽지가 않다. 영화와 드라마가 같은 드라마 타이즈라 생각해서 시스템이 유사해 보이지만, 근본적으로 시간과의 싸움에 적응하는 정도가 다르다. 영화를 하는 분들이 방송 드라마를 찍으며 고생하는 이유도 여기에 있다.

변화에 대처하려면 열린 마음이 필요하다

　연예인들도 이러한 변화무쌍한 촬영 현장에서 항상 열린 마음으로 대처해야 한다. 하루 전날까지 준비한 대사나 촬영 준비가 무용지물이 되어 현장에서 임기응변으로 촬영하는 일이 비일비재하기 때문이다. 촬영 당일, 대사를 해야 할 파트너가 없을 경우도 있고, 본인이 불의의 사고를 당해 깁스한 상태로 앉아서 연기해야 하는 경우도 있다.

　그나마 녹화 방송은 난관이 생겨도 심리적으로 여유가 있는 편이다. 가장 힘든 것은 생방송이다. 그래서 생방송은 드라이 리허설, 카메라 리허설 등 여러 리허설을 거친다. 이렇게 만반의 준비를 해도 늘 돌발 상황이 발생해서 그때그때 임기응변으로 대처해야만 한다. 생방송 시상식 도중 시상자의 봉투에 수상자 이름이 없는 아찔한 상황이 발생하더라도, 당황하지 않고 위트 있게 그 위기를 잘 넘기면서 스태프들에게 다시 수상자 이름을 넘겨받는 여유와 위기 대처 능력이 필요한 것이다. 그래서 생방송 진행자는 노련하고 경험 많은 MC

를 섭외하는 게 일반적이다.

　지금까지는 단순히 현장의 상황 변화에만 초점을 두고 이야기했
는데, 나아가 거시적이고 근본적인 '방송 환경의 변화'도 있을 것이
다. 31년 간 이러한 변화에 잘 적응해 온 베테랑 연예인의 말을 귀담
아들어 보자.

개그우먼,
연예기획자
송은이

1993년 KBS 특채 개그맨으로 데뷔
「전지적 참견 시점」, 「송은이 김숙의 비밀보장」 출연
2018년 MBC 방송연예대상 버라이어티부문 여자 최우수상
2019년 대한민국 대중문화예술상 국무총리 표창

변화에 유연하되 마음의 중심은 잃지 않기를

| 동아리에서 방송국으로 |

IMF가 있던 1997년 '금 모으기 운동' 방송도 해 봤고, 밀레니엄을 겪었으며(그 당시 방송가에 세상이 곧 종말을 맞이한다고 하여, 가지고 있는 모든 것을 후배들에게 나눠 주고 조용히 종말을 기다리다가 종말은커녕 오히려 활기차게 돌아가는 세상으로 조용히 복귀한 스태프들도 있었다……는 웃픈 실화가 있다.) 2002년 월드컵의 열기가 넘쳤던 그 시절, 시청 앞 광장에서 붉은 응원 물결에 섞여 MBC「느낌표」 '얘들아 헬멧 쓰자' 코너를 진행하기도 했다.(헬멧을 쓰지 않고 오토바이 타는 학생들에게 헬멧을 나눠 주고 안전하게 타자는 캠페인의 방송이었다. 최근 SNS에 "얘들아, 언니도 머리에 든 건 없지만 헬멧 쓰잖니…… 너희들도 꼭 헬멧 쓰자!!"라고 조언하는 영상이 다시 화제가 되기도 했었다.) SBS에서는「나 어때」,「행진」과 같은 시트콤도 했고(그때의 인연이 이 책의 저자인 김용재 센터장님이시다.) 2000년 초반에는「상상」이라는 앨범도 냈으니 정말 다양하게 많은 것들을 했구나 하는 생각이 든다.

돌아보면 지난 시간 동안 방송 연예계는 많은 변화가 있었고, 그 순간마다 치열한 고민의 시간이 있었기에 지금까지도 현역에서 플레이어로 활동하고 있지 않나 싶다. 우선 그 모든 것에 정말로 감사하며 대단할 거 없는 방송 생활이었지만, 나의 경험이 이 책을 읽는 잠정적(?) 후배들에게 작은 도움이라도 되길 바라는 마음으로 몇 자 적어 보려 한다.

나는 서울예술대학 연극과 재학 시절 교내 동아리 가운데 하나였던 '개그클럽'을 통해 자연스럽게 방송에 데뷔했다. 그 당시 함께 동아리 활동을 하던 멤버가 안재욱, 김진수, 신동엽, 이휘재, 김한석 등이었는데, 91년에는 신동엽이, 92년에는 이휘재가 방송을 통해 인기를 얻게 되었고, 자연스럽게 서울예술대학 '개그클럽'에 대한 방송가의 관심이 높아지면서 나도 KBS「청춘스케치」라는 프로그램의 제안으로 방송을 시작하게 되었다.(가수가 꿈이었던 내가 그렇게 재밌어하는 일로 방송에 발을 들여놓게 되고 그 일을 30년 넘게 하고 있다니…… 재미있는 인생이다.)

데뷔 때는 코미디 프로그램이 방송사별로 2~3개씩 있었던 시절이라 자연스럽게 코미디 아이디어를 짤 기회와 시간이 많았다. 내가 출연하는 코너가 아니더라도 함께 머리를 맞대고 재미를 탐구하던 그 시절, 대단한 돈을 벌지는 못했지만 웃음을 연구하고 찾아가는 그 과정을 충분히 즐겼고, 어쩌면 밤을 새워 가며 웃음의 한 마디를 찾아다녔던 그 시절의 내가 결국 지금을 만든 것이 아닌가 하는 생각이 든다.

정통 코미디에서 버라이어티로

내 방송 인생의 첫 번째 변화는 그렇게 좋아하던 코미디 프로그램이 점차 예능형 버라이어티로 바뀌어 가던 시점이었다. 정통 코미디보다 버라이어티라는 이름의 예능들이 늘어가면서 나는 또 다른 변화에 적응해야 했다. 내가 주도적으로 아이디어를 내서 방송에 올라가야 했던 코미디와는 다르게 작가님들이 구성한 대본 안에서 내 역할을 해야 하는 방송이 처음에는 익숙지 않아 애를 먹었다.

웃길 내용을 미리 알고 있지 않으면 항상 불안했던 나는 미리 대본을 받아 내 나름대로 재미를 추가하고 대본에 맞는 에피소드까지 찾아 가며 녹화에 임했다. 이렇게까지 열심을 다했으니 가는 방송마다 빵빵 터트렸겠구나……라고 생각하겠지만, 그렇게 밤을 새워 준비한 나의 멘트들이 타이밍이 안 맞아서 선을 보일 기회도 없이 소멸될 때가 더 많았다.(버라이어티 특성상 출연자들의 끼어들기가 자연스럽지 않으면 녹화 흐름을 깨는 경우가 더 많아서, 미리 준비한 나의 웃음 포인트는 튀거나 차마 내뱉지도 못하고 소멸되곤 했다.)

애드리브를 잘하는 사람! 흐름을 깨지 않고 재미를 주는 방송인! 그것은 어떻게 되는 것인가? 방법을 바꿔 보기로 했다. 우선 함께 출연하는 출연자들의 필모그래피를 조사해 외워 가는 것부터 시작했다. 모든 출연자가 어떤 개성이 있는지 조사했고, 함께 출연하는 가수나 배우들이 어떤 인생을 살았고, 친분은 누구와 있으며, 어떤 노래, 어떤 작품을 하는지까지 찾아 가며 출연자들과 친밀감을 유지하려 애썼다. 그 당시는 연예 정보라는 것이 신문 연예면에 나오는 게 전부인 시절이었지만, 그렇게 준비해서 간 기초 지식(?)을 바탕으로 흐름을 자연스럽게 타면서 웃길 포인트를 찾아낼 줄 알게 되었고, 어느덧 에드립이 좋은 방송인으로 주목받아「우리 아이가 달라졌어요」처럼 비연예인들과 함께하는 방송에 좀 더 특화된 MC로 나름의 색깔을 만들어 갈 수 있었다.

어쩌다 인터뷰를 하게 되면 기자님들이 물어볼 때가 있다. 함께하는 동료들의 순간 포인트를 잘 찾아 주는 비결이 무엇인지. 그럴 때마다 출연자들에 대한 관심과 호기심이 많기 때문이라고 간단히 답했다. 준비한 애드리브를 번번이 실패하고 나서 고민한 시간들이 있었기 때문이라는 사실은, 여기에서만 특별히 밝혀 둔다.^^

관찰 예능의 시작

2015년부터는 방송과 더불어 기획자, 제작자, 회사의 대표까지…… 어쩌면 방송보다 더 많은 일들을 하게 되었는데, 그 시작 역시 섭외가 0이었던 내 시련의 역사에서 출발한다.

데뷔 이후 코미디언이라면 응당 하나씩 있는 유행어 하나

없었고(그나마 짜내 본다면 2015년 「무한도전」 '로맨스가 필요해' 편에 출연하여 뱉었던 "그거랑 다르지 인마!" 정도······일까?) 예능에서 흔히 말하는 '깔깔이 토크'가 전문이었던 나는 나 자신을 보여 주는 예능에 설 자신도 없었고, 방송국 PD, 작가들도 어쩜 나와 같은 생각이었는지 섭외조차 들어오지 않았다.

그렇게 나는 2013년부터 2014년 초까지 약 1년 동안 어떤 섭외도 들어오지 않는 백수가 되었고(한동안은 백수가 된 사실도 몰랐다.) 그렇게 고민 끝에 시작한 것이 팟캐스트 「송은이 김숙의 비밀보장」이다. '방송에서 부름을 받지 못한다면 나의 존재 가치는 없는 것인가.' 하는 좌절과 부정적인 생각이 나를 괴롭히던 날들이었다. 어떤 날은 '아니야 그래도 평생 해 오던 일인데 이렇게 무너지겠어.' 하는 막연한 희망과 믿음을 갖기도 했지만 말이다.(35살부터 쭉 해 오던 '40살에 평생직장 찾기'라는 기도 제목이 있었기 때문에······.)

마치 손바닥의 '뒤집어라 엎어라'가 하루하루 널을 뛰고 반복되는 듯한 그런 시간들이 매일 이어질 때, 나는 알게 되었다. 동전의 양면 같은, 마치 색깔이 완전 다른 흑과 백 같은 마음들이 서로 매일 부딪히더라도, 작은 좌절로 시작된 마음들이 점점 커져서 몸까지 잡아당긴다 하더라도, 작은 좋은 마음이 틈을 타기 시작하면 그것이 나를 일으킨다는 것을.

그렇게 시작한 팟캐스트는 4주 만에 코미디 부문 1등, 6주

만에 전체 1000여 개의 팟캐스트 가운데 1등을 했고, 「송은 이 김숙의 비밀보장」은 금전 관련 고민을 풀어내는 「영수증」, 인생의 고민을 먹테라피로 해결하는 「밥블레스유」와 같은 TV 예능으로 그 세계관을 확장하게 되었다.

| 하루치 고민들이 쌓이고 쌓여 반짝반짝 빛나길 |

지나온 시간을 돌아보니 우리는 어쩌면 하루에 감당할 수 있는 적당한 양의 시련과 고민을 계속 선물로 받는 것이 아닌 가 하는 생각이 든다.

예능의 흐름이 변하던 시절, 고민하고 노력하지 않았다면 지금의 내가 있었을까? 백수였던 때가 있었기에 누구보다 빠 르게 뉴미디어 시장에 뛰어들 수 있었고, 그건 다시 생각해 봐도 선물 같다는 생각이 든다.

세상은 빨리 변한다. 유행에 민감하게 반응해야 하는 우리 의 일들이 그래서 더 어려운 것도 사실이다. 열심히 노력한 것이 잠깐 반짝했다가 사라져서 어쩌면 또 빨리 새로운 것을 준비해야 할 수도 있을 것이고, 그 때문에 더 쉽게 지치고 더 힘들다고 느낄 수도 있을 것이다.

그러나 힘든 시절의 고민과 생각들이 단단히 쌓여 그것이 내 안에 에너지가 되는 경험을 하게 된다면, 내 안에 작은 좋 은 생각들을 놓지 않는다면, 반짝반짝 빛나는 순간의 감동이

훨씬 크다는 것을 느끼게 되리라 믿는다. 부디, 변화에 유연하지만 마음의 중심을 잃지 않는 후배님들이 되시길…… 기도하고 응원한다.

슬럼프는 어떻게 극복해야 하나요?

슬럼프는 반드시 찾아온다

사람은 누구나 실패 없이 항상 승승장구하길 희망한다. 그러나 기나긴 인생의 과정에서 한 번쯤 굴곡은 찾아오기 마련이다. 평탄하고 순조롭게만 모든 일이 진행되는 경우는 잘 없다. 파도가 크게 치고 나면 잔잔히 평화로운 바다가 되고, 어두운 밤이 지나면 반드시 아침 햇살이 비추듯이 인생의 변화와 굴곡은 자연의 순리처럼 당연하고, 이는 연예인들에게도 마찬가지다.

우리 엔터 업계의 문제점은 오로지 스타만 되면 모든 게 성공한다는 단순 목표만 제시하고, 수단과 방법을 가리지 않고 온 힘을 기울이는 것이다. 그 탓에 여러 부작용이 생긴다. 연예인 지망생을 단순히 상품으로만 여기고 그 상품이 성공하면 큰돈을 번다고 생각하는 기획사들은, 인생에서 가장 중요한 청소년기의 인격 형성에 대한 고민, 진로에 대한 대책도 하나 없이 그들을 양성한다.

그래서, 스타가 되었을 때 어느 날 갑자기 찾아오는 슬럼프를 어떻게 극복할지 몰라 방황하는 연예인들이 많다. 특히 한 가지 목표를 향해 앞만 보고 달려온 젊은 스타 연예인들은 어떻게 이 난관을 극복해야 할지 잘 모른다. 자존심 강하고 멘탈이 약해서 도박, 음주, 마약 등 가장 안 좋은 방식으로 문제를 회피하려다가 더 큰 수렁에 빠지는 이들도 있다. 단언컨대, 이러한 방식으로는 무엇도 해결될 수가 없다.

언제든 내려갈 수 있다, 마음을 비워라

그러면 슬럼프가 오기 전에 준비할 수 있는 것은 없는가?

첫째, 정상에서 언젠가는 내려온다는 사실을 인정하고 마음의 준비와 훈련을 하는 것이다. 욕심이 욕심을 만든다. 부자는 자신이 항상 더 가져야 한다는 생각에 더욱더 구두쇠로 살아가고, 돈을 더 좇는다. 그러다 자기 돈을 써 보지도 못하고 건강을 잃거나 우울증으로 극단적 선택을 해서 생을 마감하기도 한다.

연예인도 항상 주인공으로만 정상에서 있지 못한다. 정상에 있을수록 이제 곧 내려갈 준비를 하며 마음을 비우는 노력을 해야 한다.

그러면 갑자기 정상에서 내려오더라도 충격에서 쉽게 벗어날 수 있고, 마찬가지로 슬럼프가 찾아와도 잘 극복할 수가 있다. 정상으로 향하는 오르막이 있고, 또 그 끝에 정점에 있으면 그다음 차례는 내리막이다. 이러한 순리를 이해하고 따르면 행복한 연예인 생활을 평생 해 나갈 수 있다. 슬럼프가 찾아오더라도 잠시뿐이다.

속마음을 터놓아야 한다, 친구로 채워라

둘째, 평소에 속마음을 터놓고 얘기할 친구가 있어야 한다. 스타 연예인이 되면 모든 사생활이 기획사로부터 통제되어 사적인 삶이 없어지기 쉽다. 그러나 개인적인 슬럼프가 왔을 때 기획사가 해결해 줄 방법은 없다. 이럴 때는 자신의 내밀한 이야기를 들어 주고 상담할 친구가 필요하다. 그래서 평소 아무리 바쁘고 힘들더라도 친한 친구들과 지속적인 관계를 맺고 있어야 한다.

얼마 전 대한민국 최고의 석학이 돌아가시기 전에 했던 인터뷰 중에서 이와 비슷한 내용이 있었다. 남들은 사회적으로 성공했다고 자신을 평가하지만, 본인은 정작 실패했다고 하면서, 그 이유가 친한 친구가 한 명도 없기 때문이라고 했다. 가슴에 깊이 새겨야 할 인터뷰였다.

방송가 사람들이 가장 경계하고 조심하는 것이 친구와 건강을 잃는 것이다. 이를 잊지 말고 평소에 소홀히 하지 않으면 슬럼프가 닥쳐와도 잘 극복할 수 있다.

솔루션 인터뷰

배우
한상진

2000년 SBS 9기 공채 탤런트
드라마 「하얀거탑」, 「이산」, 「야한(夜限) 사진관」 출연
2007년 MBC 연기대상 남자 신인상
2022년 에이판스타어워즈 연속극부문 남자 우수연기상

잘하려고 하지 말고 감사해하면서 할 것!

지금 내가 슬럼프인가? 내가 지금 가는 길이 옳은 길인가? 나는 올해로 연기를 시작한 지 29년이 되었다. 고등학교 졸업하고 그저 연기가 하고 싶어서 이게 어떤 길인지 모르고 시작하였다. 배우는 연차가 쌓인다고 승진을 하는 직업은 아니다. 물리적인 시간의 축적이 있다면 조금의 기회가 늘어날 뿐, 시간과 노력을 아무리 기울여도 그것이 결과와 꼭 비례하지는 않는다.

그래서 슬럼프가 오는 것 같다. 내가 최선을 다하고 노력을 했는데도 눈에 보이는 결과물이 뚜렷한 게 없을 때, 나 자신에게 실망하기도 하고 자책도 하고 내가 가는 길이 맞는지 확인도 하고 의심도 하며 복합적인 감정의 혼란을 겪는다. 그때 흔히 말하는 슬럼프를 겪게 된다. 조금 과장되게 말하면 결과와 상관없이 오디션 전후라든지, 작품을 하게 되면 작품 시작 전과 후, 작품 중간에도, 내 캐릭터의 연기를 제대로 표현 못할 때도 슬럼프가 온다.

사실 20대 때는 오디션 연락만 와도 전날 잠도 못 자고 설렜다. 이 짧게는 1분, 길게는 5분 정도의 오디션만으로도 다시 내일을 꿈꾸던 시기에는 슬럼프가 뭔지도 모르고 지나갔다. 물론 그 시기에는 슬럼프라는 말을 할 정도로 내 일에 대한 숙련도가 채워지지 않았기도 했지만.

처음으로 이게 슬럼프인가 하던 때가 「하얀거탑」, 「이산」, 「솔약국집 아들들」과 「일밤」, 「뜨거운 형제들」 MC, 「뿌리깊은 나무」까지 하며 정신없이 5년이 지나간 뒤였다. 「출생의 비밀」이라는 작품을 끝내고 다음 작품의 대본을 읽는데, 대본의 글자들이 순간적으로 춤을 추듯이 보였다. 눈이 나빠진 건가, 잠시 눈을 감았다가 대본을 읽기 시작했다. 그러고서 며칠간 이런 일이 반복되었다.

배우라는 직업의 특성상 극중 인물로 살아가다가도 작품이 끝나면 본연의 모습인 나 한상진으로 돌아와야 한다. 근데 「하얀거탑」 이후 거의 하루도 쉬지 않고 스케줄을 해 오면서, 나로 돌아가야 하는 포맷이 없었다. 극중 인물로, 배우로서의 삶만 있다고 느껴졌다. 잠시 멈추고 나만의 시간이 필요하다는 걸 느꼈다.

사실 슬럼프라는 뜻이 자기 실력을 발휘 못 하고 저조한 상태가 계속되어 제자리에 머물러 있다는 것인데, 어느 순간 제자리에 머물러 있는 나 자신을 보게 된 것이다. 불안 증세가 와서 병원도 찾아가 보고, 한의원 가서 침도 맞는 등 주위에서 좋다는 건 다 해 본 것 같다.

곁에서 지켜보던 아내의 권유로 난 잠시 일을 멈추기로 했다. 아무 생각 없이 걷기도 하고, 지하철 타고 종점에 내려서 새로운 곳을 걸어 보기도 했다. 그러던 어느 날 지갑을 잃어버렸다. 그땐 삼성페이도 없던 시절이어서 지갑이 없으니 돌아갈 차비도 교통카드도 없는 난감한 상황이었다. 전화기는 있는데 아내는 팀에서 운동 중일 거고, 매니저에게 전화하면 데리러 와주기는 하겠지만 걱정할 거 같아서 그냥 집까지 걸어갈까 하는 생각에 무작정 걷게 되었다.

처음엔 나 자신에게 화도 나고 짜증도 났다. 반쯤 왔을 때는 다리도 아프고 한탄도 하게 되었다. 그러다가 어느 순간 잘 걷고 있는 나에게 칭찬을 하는 내 모습을 발견했다. 잘 걷고 있어, 다 왔어, 이제 분당 지났어, 금방 죽전역이야, 이러면서 내가 나를 응원하면서 칭찬하고 감사해하고 있었다. 5시간 정도 걸으니 아파트 단지가 보였다. 와 진짜 감사하다, 하고 집에 도착해서 바로 쓰러져 잠들었다. 20시간 정도 잠든 것 같았다.

자고 일어나니 걸어온 나 자신이 뿌듯했다. 대학로에서 공연하던 때 차비도 아끼고 대사도 외울 겸 집까지 걸어오던 시절이 문득 생각났다. 그땐 연기만 할 수 있다면 나무로도 바위로도 출연하겠다고 할 때였는데, 모든 게 감사하던 그때가 생각나면서 지금 내가 하는 일들이 목표가 하나씩 이뤄지고 있는 거구나, 라는 생각에 정말 만화처럼 책상 위 대본들이 반짝여 보였고, 현장 사진 속 나를 보는 것만으로도 감사했다. 그때 나 혼자 유레카를 외쳤다. 이거다, 감사함! 지금 무얼 하든 작품을 하고 연기를 하는 내 상황에 감사함을 느껴야겠다. 그렇게 10년이 지난 지금도 작품을 하면서 조금이라도 힘든 상황이 오면 내 어깨를 툭 치며 스스로 칭찬해 준다. 잘하고 있어, 지금 연기할 수 있음에 감사하지? 그렇지? 잘하려하지 말고 감사해하면서 하자. 나 혼자만의 주문을 외운다.

이 글을 읽는 분 중에서 자신이 지금 슬럼프에 빠져 있다는 생각이 든다면, 잠시 책을 내려 두고 자신의 어깨를 토닥이며 잘하고 있어, 고맙다, 라고 말해 보세요. 당신의 슬럼프는 당신에게서 시작됩니다. 당신의 존재와 당신의 삶에 칭찬하고 감사한 마음을 가지세요. 여러분에게는 최고의 가치가 있습니다.

어떻게 내 배역에 몰두할 수 있나요?

작품 분석은 몰입의 열쇠

보통 연출들은 배우에게 연기에 몰입하라고 말할 때, 일반적으로 그 역할과 하나가 되어 달라고 주문한다. 어쩌면 '빙의'라는 말과도 같을 것이다. 연기를 배울 때나 실제 현장에서 왜 이런 요구들을 하는 것일까?

대본이나 시나리오에 쓰인 이야기는 가공의 이야기이고, 거기에 등장하는 인물 또한 가공의 인물이다. 그런 가공의 인물이 되어야 하는 것은 연기자에게는 실존하지 않은 상상 속 생명체가 되어야 하는 것과 같은 부담으로 다가온다. 이 부담은 배우들이 해내야만 하는 숙명적인 과제다. 어떻게 해야 맡은 배역에 몰입하여, 가공의 인물을 진짜처럼 보이게 할 수 있을까?

연기로 표현하기에 앞서 먼저 해야 하는 것은 넓은 의미에서의 '작품 분석'이다. 어찌 보면 이것이 배역에 몰입하는 가장 중요한 조건이라 하겠다.

배역에 몰입하지 못할 때, 연기자들은 연기에 자신감이 떨어지고 에너지를 잘 내지 못하는 특징을 보인다. 이러한 현상은 자존감이 떨어진 연기자가 자신이 하는 모든 연기를 의심할 때도 나타난다. 이런 근본적인 문제를 제외하고는 대부분 작품 및 배역에 대한 분석이 완벽하게 준비되지 않아서 발생한다고 보면 된다. 자신이 어떤 상황을 연기하고 어떤 말을 하고 있는지 잘 파악되어 있지 않아서, 결국 관객의 공감을 끌어낼 수 없는 지경에 이르는 것이다.

캐릭터 분석 1: 정서는 단순한 감정이 아니라 가치관의 결과물

그러면 어떻게 작품 분석을 할 것인가? 대본 및 캐릭터 분석은 연출과 함께 상의하며 찾아가는 과정이긴 하지만, 그래도 배우가 꼭 책임지고 해야 할 숙제는 캐릭터 분석이라 하겠다. 여기에서 캐릭터 분석 방법론을 다 이야기하기엔 너무 방대하다. 핵심만 언급해 본다면, 캐릭터 분석이란 '그 인물의 가치관을 알아내려는 노력'이라 정의할 수 있다.

우리는 연기를 만들어 가는 과정에서 '정서'라는 말을 많이 언급한다. 하지만 정서의 개념을 단순히 감정으로 받아들여서는 안 된다. '정서'는 한 인물의 가치관이 바탕이 되어 어떤 사건이 벌어졌을 경우 불러일으켜지는 감정이다. 예를 들어, 아버지 앞에서 아들이 담배를 피우는 상황을 한국의 아버지와 일본의 아버지가 각각 겪는다고 해보자. 그러면 필히 반응이 저마다 다를 것이다. 이렇게 그 사람이 가진 가치관에 따라 그 반응이 차이가 생기는데, 그러한 결과물이 감정이라는 것이다. 즉 연기자들은 인물의 가치관을 알아내기 위해 분석한 뒤, 그 가치관에 따른 반응을 하게 되면, 감정이라는 것에 좀 더 명확해질 수 있다. 이러한 분석으로 그 인물의 성격을 파악하면 비로소 캐릭터 구축이 가능해진다.

캐릭터 분석 2: 인물의 목적을 찾아라

이를 실제로 구현하려면 배우가 몰입해야 하는데, 그건 어떻게 해결할까? 먼저 그 인물이 원하는 것, 이루려 하는 것이 무엇인지 찾아야 한다. 즉 인물의 목적을 찾아내야 한다. 연기를 하다 보면 배우들은 자신의 감정 표현에 급급해서 인물이 어떤 목적을 가졌는지 잊고 연기하는 때가 종종 있다. 해당 인물이 어떤 목적을 가졌는지 잊지 않고 연기한다면 몰입에 충분한 요건이 충족된 것이다. 인물의 가치관에 근거하게 되면 인물이 무엇을 원하고 있는지 추측이 가능해지는데, 스타니슬랍스키가 강조한 초목표가 바로 이것일 것이다.

　그런데 목적, 즉 초목표를 찾아내고 그것을 잊지 않고 연기를 한다는 가정을 하더라도, 가끔은 진짜로 지금 벌어지는 일이 아닌 것 같은 이질감이 느껴지는 연기도 있다. 이건 왜일까?

　『메소드 연기』라는 책의 첫 장에는 이런 말이 있다. "연기의 소재는 배우 자신이다." 즉 연기의 출발점은 다른 인물이 아닌 배우 자신이라는 것이다. 다른 인물로서 연기해야 할 상황에 존재하는 것이 아닌, 배우 자신이 그 상황에 존재해야 한다는 것, 즉 배우와 인물은 각각 개별의 존재지만 일치된 것처럼 보여야만 한다는 의미다.

　이 숙제를 해결하려면 '사고의 자기화'가 진행되어야만 한다. 즉, 위에서 언급한 것과 같이 그 인물의 가치관을 분석하여 목적을 알아내고 그 인물의 생각을 배우 자신이 실행할 때만 사고의 자기화가 이루어지며, 이로써 배우는 해당 인물로 몰입이 가능해진다. 그러고 나서 캐릭터를 더 디테일하게 구축하기 위해 그 인물다운 습관들을 상상력을 이용하여 찾아내 몸에 익혀야만 한다.―사고 또한 습관이기에 이것도 캐릭터 구축에 일부라 하겠다.―이러한 분석과 상상력 그리고 반복적인 연습이 배우가 연기에 몰두할 수 있게끔 하는 필요조건이다.

집중을 위한 실제 방법: 서브텍스트 찾기, 즉흥 연기

　표현할 때 실제로 도움되는 방법에 대해 첨언하자면 다음과 같다.

먼저, 작품 분석에 있어서 서브텍스트(Sub-Text), 즉 내재된 의미를 찾아내는 것이다. 서브텍스트란 간단히 말해 "본문 아래에 숨겨진 뜻"이다. 스타니슬랍스키에 따르면 "내재된 의미"란 역할의 말 밑바닥에서 끊임없이 흐르고 있는 "인간 정신의 내면적 생활"이다. 내재된 의미는 "행동의 일관된 흐름"이 행동의 영역에서 지니는 것과 같은 기능을 대사의 영역에서 지닌다. 배우가 메인텍스트를 분석하여 그 안에서 서브텍스트를 찾아내는 순간, 비로소 인물의 내면을 진정으로 이해하고 표현하게 된다. '감정의 진짜 의미' 즉 서브텍스트를 찾아내는 것은 앞뒤 상황을 분석하고 초목표를 알아야만 가능하다. 서브텍스트 없이는 명쾌한 감동을 주는 연기를 할 수 없다. 그것이 곧 관객에게 전달해 주어야 하는 정확한 주제를 표현하는 것이기 때문이다. 따라서 연기자들은 주어진 배역이 하고 있는 대사(Main-Text)의 서브텍스트를 완벽하게 찾아내려고 노력해야 한다.

또 인물의 자기화, 주의 집중을 위한 실질적인 연습 방법으로는 '즉흥 연기'가 있다. 즉흥 연기를 통한 훈련은 연기자의 창의력, 집중력, 순발력 및 민감성을 길러 준다. 그뿐만 아니라 연기자의 소심한 표현력이나 의지를 보다 유연하고 과감하게 만들며, 자신에게 내재된 '내면적 자기다움의 언어'를 표현하도록 돕는다.

주의 집중, 서브텍스트 찾기, 즉흥 연기와 관련해서는 『스타니슬랍스키 연극론』(김석만 편), 『스타니슬랍스키 연기론』 시리즈(스타니슬랍스키), 『메소드 연기』(에드워드 D. 이스티), 『즉흥연기』(키스 존스톤) 등의 책들을 참고하면 도움이 될 것이다.

배우 전노민

1997년 데뷔 28년 차 베테랑 연기자
「결혼작사 이혼작곡」, 「아씨 두리안」 외 다수
2012 대한민국문화연예대상 드라마부문 남자 우수연기상, 2018 MBC 연기대상 조연상

작가의 의도를 파악하라, 실제 직업 현장을 경험하라

보통 배우들에게 역할을 주면, 캐릭터 분석이나 역할을 분석해 나가는 방법이 배우마다 당연히 다를 것이고, 달라야 할 것이다. 사실 예전에는 캐릭터를 분석하는 데 자기만의 생각과 개성도 중요했지만, 연기자 선배들이나 감독들의 영향도 무시할 수 없었다. 그래서 나의 의도와는 다른 연기를 할 때도 있었다. 하지만 최근에는 외모도 중요하지만 자기만의 독특한 캐릭터를 보여 주는 배우가 주목받는 추세다. 목소리나 캐릭터, 생김새, 특유의 버릇 등 표현하는 방법에 따라 다른 모습을 보여 줘야 캐스팅하는 데 유리해질 수 있다. 그만큼 대본이나 캐릭터를 분석하는 게 아주 중요하다고 생각한다.

나는 어떠한 배역이 주어졌을 때 먼저 작가의 의도를 파악하려고 노력하는 편이다. 작가가 글을 쓸 때 분명 인물, 직업, 환경, 나이, 관계, 상황 등 역할과 캐릭터에 대해 구상하고 썼을 텐데 그것을 무시한 채 나 혼자 분석해 나가다 보면 기존의 인물에 대한 분석이 다를 수 있고, 그러다 보면 작가의 의도와는 달리 이상한 방향으로 흘러갈 수도 있을 것이다. 그리고 말투나 의상, 미용, 분장 등 가능한 세세한 부분까지도 연출의 의도와 캐릭터를 상의하는데, 이렇게 세 사람의 의견이 모인다면 전체적인 그림을 자연스럽게 그릴 수 있다고 생각하기 때문이다. 나는 내 역할만 소화하면 되지만 작가나 연출은 전체적인 그림을 그리는 사람이다. 나 혼자만의 생각으로만 분석하고 연기한다면 완성된 작업을 하는 데 힘들어질 수 있다.

그동안 배우 생활을 오래 하면서 다양한 배역을 접했다. 배역을 잘 소화하기 위해 캐릭터에 몰두하는 게 정말 중요하다. 나 같은 경우, 배역에 몰두하기 위해 비슷한 캐릭터나 관련 있는 자료를 찾아보고, 실제 직업 현장에 가서 며칠만이라도 경험을 해 본다. 예를 들어 총지배인 역할이면 호텔 지배인을 찾아가 따라다니기도 하고, 의사 역할이면 병원에 가서 의사와 함께 생활을 해 본다. 직접 현장에서 보고 익히다 보면 배역을 더 이해하게 되고 어느새 배역에 스며들어 몰입할 수 있다. 그 외에도 국내외 드라마나 영화 작품들을 찾아보면서 연기에 도움을 많이 받는 편이다. 이렇게 준비한 나만의 캐릭터 분석은 지금까지 크게 벗어나지 않았던 것 같다. 그러다 보니 작가와 감독이 생각하는 극중 인물에 가깝게 접근할 수 있었고, 그 의도에 부합하다 보니 작품을 같이한 작가나 감독들과의 작업이 연속으로 이어지는 경우가 많았다.

어떤 역할이든 주어지면 열심히 할 거라고 말만 하는 사람들이 많다. 하지만 잘되는 친구들을 보면 늘 뭔가를 열심히 준비하고 있다. 생활하기 위해 일도 하면서 오디션도 보고, 뭔가 끊임없이 배우기도 하며, 쓸모없는 시간을 절대 보내지 않는다. 어떤 분야도 마찬가지지만 항상 준비된 배우들에게 그만큼 기회도 많을 것으로 생각한다.

13

어떻게 해야 나에게 어울리는 옷을
입을 수 있나요?

스타일 찾기는 곧 나를 알아 가는 과정

요즘 길거리를 지나가다 보면 옷 잘 입는 사람들이 유독 많이 눈에 띈다. 꼭 연예인이나 패션 종사자가 아니더라도 자신을 잘 꾸미는 것이 필수가 된 시대인 듯하다.

자신에게 최적화된 옷 스타일을 알고 멋을 부릴 줄 아는 패션 센스는 타고나는 걸까? 물론 타고나면 좋겠지만 없는 사람도 시간을 갖고 노력하다 보면 얼마든지 개선할 수 있다. 옷을 잘 입는다는 것은 먼저 나를 알아 가는 과정이므로 노력과 시간이 필요한데, 특히 팬들의 사랑과 관심을 받는 연예인 혹은 연예인 준비생이라면 더욱 그렇다.

패션 스타일이 남다른 배우들은 드라마에 입고 나온 옷부터 신발, 가방, 액세서리 등 하나하나가 관심사가 되고 완판이 된다. 하지만 모든 배우가 스타일이 좋은 건 아니다. 어떤 배우는 외형에 비해서 옷을 잘 입는다고 하는가 하면, 어떤 배우는 외모는 준수한데 옷 입은 모습이 형편없거나 촌스럽다고 평가받기도 한다.

그러니 값비싼 명품으로 치장하는 것이 능사가 아니다. 로드샵에서 산 옷과 액세서리로도 조화롭게 치장하면 더 멋스러워진다. 실제로 옷 잘 입는 배우들도 명품으로만 휘감지 않는다. 일부는 명품이지만 나머지는 어울리는 소재나 색감의 의류를 조화롭게 걸쳐서 자신만의 스타일리시한 면모를 보여 준다. 베스트드레서라고 불리는 연예인들을 보면, 대부분 어떤 옷이든 개성에 맞게 소화하며 자신에게 잘 어울리는 스타일이 무엇인지 끊임없이 연구한 이들이다.

패션은 자신감과 도전

옷 잘 입는 첫째 조건은 '자신감'이다. 어떤 배우는 글래머러스한 몸매가 단점이었으나, 이를 장점으로 승화시키는 스타일을 브랜딩하면서 완전히 극복했다. 이러한 반전은 배우가 자신에 대한 자신감을 가지지 않으면 절대로 이루어질 수 없다. 둘째 조건은 '도전'이다. 변신은 도전이고 용기다. 어제의 나를 버리고 새로운 나를 찾는 과감한 도전, 타인들의 냉정한 시선에 당당히 맞서는 용기다.

과거 스타일에서 벗어나 자기만의 새로운 스타일을 갖추려면 부단한 자신과의 싸움과 실험이 필요하다. 만약 자신감이 없다면, 드라마에 나오는 옷 잘 입은 배우나 패션 인플루언서 등의 스타일을 따라하면서 어울리는 스타일을 찾는 것도 방법이다. 옷뿐만 아니라 액세서리, 신발, 가방 등 어떻게 활용하는지도 잘 살펴봐야 한다.

모방은 창조의 어머니라고 했다. 누구나 천재가 아닌 다음에야 모방하고, 거기에 더 노력하여 진화하다 보면 자신만의 스타일을 발견할수가 있다. 자신의 신체 조건을 돌아보고 거기에 가장 잘 어울리는 스타일을 찾는 일은 하루아침에 이루어지지 않는다. 많이 입어 보고 실패도 해 봐야 비로소 나다운 패션 스타일을 찾을 수 있다.

구체적인 방법은 전문가에게 들어 보는 것이 좋겠다. 의상부터 사소한 패션 아이템까지 완판 신화의 주인공이자 대한민국의 내로라하는 톱스타들 몸에 스타일 감각을 입히는 사람이 있다. 대한민국 최초이자 최고의 남자 스타일리스트인 정윤기 씨다. 여기서는 그가 말하는 '변신'에 대해 소개해 보려 한다. 그는 진정한 변신은 자기 자신을 믿는 동시에 새로운 것을 받아들이는 열린 자세에서 시작된다고말한다. 나에 대한 확고한 신념에 옷 잘 입는 5가지 공식을 곁들인다면 성공적인 스타일 변신이 완성된다는 것이다.

스타일리스트 정윤기

1994년 광고 스타일리스트로 커리어를 시작
김혜수, 김희애, 정우성, 차승원, 권상우, 이병헌 등 당대 톱스타를 담당한
대한민국 최고의 스타일리스트
2014 코리아패션대상 국무총리 표창

패알못 주목! 스타일리스트 정윤기의
옷 잘 입는 5가지 팁!

1. 자신감(Confidence)

패션은 수학 공식처럼 정답이 없다. 옷을 선택하고 착용하는 것은 스타일링을 넘어 자신을 표현하는 수단 중 하나이기 때문이다. 당당한 자세만큼 매력적인 스타일은 없다. 결국 옷을 빛나게 하는 건 자신감이란 말이다. 소위 말하는 패피(=패션 피플)가 되기 위해서는 주변의 시선을 의식하기보단 자신감을 가지고, 다양한 경험치를 쌓다 보면 언젠간 나만의 스타일이 완성돼 자신만의 노하우가 생길 것이다.

2. 체형(Figure)

자신의 체형에 대해 냉정하게 분석하자. 단점부터 장점까지 적나라하게! 사람마다 체형은 제각기 다르다. 뚱뚱한 체형, 마른 체형, 팔다리가 길고 짧은 체형 등 저마다 다른 체형을 갖고 있기 때문에 나의 장점은 부각하고 단점은 보완해 줄 수 있는 코디가 필요하다. 자신의 체형을 고려해 신체적 특징에 맞는 옷을 선택하면 평범한 옷도 스타일리시하게 보일 수 있다.

3. 텍스처(Texture)

패션 코디를 할 때 기본적으로 지켜야 할 조건이 필요한데 나에게 가장 어울리는 옷의 컬러, 스타일, 패턴, 소재를 입는 것이다. 특히 소재의 믹스 매치만 잘해도 멋쟁이로 등극하는 건 시간문제다. 비슷한 컬러감의 톤온톤 코디네이션에서도 소재에 변화를 주면 더 멋스럽고 감각적인 스타일이 완성된다. 코튼처럼 내추럴한 텍스처부터 벨벳, 데님, 새틴, 태피터 같은 다양한 텍스처에 도전해 보자.

4. 착장(Coordination)

아이템끼리 시너지를 이룰 수 있는 조화로운 착장이 중요하다. 색상과 원단의 질감을 고려하는 것은 옷 잘 입는 법에 가장 기본이 되는 방법이다. 특히 색의 원리를 이해하면 나만의 스타일링을 보다 수월하게 완성할 수 있다. 요즘 유행하는 퍼스널컬러를 활용해 보는 것도 좋은 방법이다. 본인과 가장 잘 어울리는 색상을 매치하기 때문에 이보다 더 좋은 효과는 없다. 본인과 잘 어울리는 색깔 하나로 인상이 달라 보일 수 있는 마법이 펼쳐질 것이다.

5. 균형(Balance)

전체를 보는 눈이 필요하다. 즉 스타일도 밸런스가 중요하다. 디테일한 옷 선택과 조합은 옷 잘 입는 법에 아주 큰 영향을 준다. 베스트와 워스트의 차이는 힐의 높이, 액세서리 하나의 차이! 전체적인 조화의 밸런스가 맞지 않으면 아무리 좋은 옷이라도 돋보이지 않는다. 특히 패션 센스가 초보인 경우라면 무난한 코디를 하고, 되도록 더하기보다 덜어 내라. 과유불급이라고, 너무 과한 것은 부족한 것만 못하다. 작은 부분부터 포인트를 주고 조금씩 나에게 잘 맞는 조합과 밸런스를 찾아가라.

14

예능인은 개그맨인가요?

예능인은 쇼를 이끌어 가는 종합 엔터테이너

사람들을 즐겁게 해 주는 예능인이 되고 싶은데, 그러려면 개그맨이 되어야 하는지 묻는 학생들이 있다. 결론부터 말하자면, 물론 개그맨이 훌륭한 예능인이 될 가능성이 높지만, 가수든 배우든 개그맨이든 순발력과 재치가 있는 사람이 예능인이 된다고 말해 주고 싶다.

사전을 찾아보면 예능인은 영화, 연극, 가요 따위의 대중 예술에 종사하는 사람이라고 나온다. 영어로는 엔터테이너(entertainer), 퍼포머(performer), 아티스트(artiste)라고 부른다. 일반적으로 연예인, 방

SBS 예능 「강심장 리그」 스튜디오 촬영 현장

송인, 예능인은 비슷한 의미로 보기가 쉬운데 각각 확실한 차이가 있다. 연예인은 일반적으로 배우, 가수, 연기자 등을 말할 때 사용하는 단어고, 방송인은 좀 더 폭넓게 일반인까지 포함하여 방송 출연자들을 말할 때 주로 사용하는 단어라고 보면 된다.

한편 예능인은 우리가 말하는 연예인과 구별하기가 쉽지 않은데, 예능 프로그램에 나오는 연예인들을 주로 예능인이라 볼 수 있다. 예능인은 종합 엔터테이너인 경우가 많다. 영화배우나 TV 연기자처럼 연기에만 몰두하고 연기력만 평가받는 사람이 아니라 기본적으로 MC 역할, 즉 사회를 보면서 프로그램을 이끌어 가는 진행력을 갖추고 노래, 춤, 연기 등을 할 수 있는 이들이다.

따라서 유능한 예능인은 단적으로 말하면 유명 예능 프로그램의 MC를 말하는 경우가 많다. 공중파, 종편, 케이블에서는 유재석, 강호동, 신동엽 등 주로 개그맨 출신들이 수십 년 동안 예능 프로의 메인 MC를 맡고 있다. 서브 MC급도 대부분 남녀 개그맨이 많이 맡다 보니, 예능인은 개그맨이라는 생각을 하게 되는 것 같다.

예능인의 필수 덕목, 순발력과 재치

그러면 예능인에는 왜 개그맨 출신들이 많은지 궁금할 것이다. 이는 '순발력' 때문이라고 볼 수 있다. 개그맨들은 프로그램을 진행할 때 출연자들을 이끌어 가는 능력을 갖추고 있으며, 출연자들에 대한 리액션 등이 탁월하다. 연기자나 가수는 개그맨과 달리 남을 웃기거나 위트 있는 질문과 대답을 하는 데 상대적으로 소극적인 편이다.

평소에 많은 사회를 보면서 훈련이 되어 있어야 하는데, 보통은 그렇지 않기 때문이다. 반면, 딱딱한 소재도 유능한 개그맨 출신 연예인들은 분위기에 맞게 잘 살려 부드럽게 이끌어 가기에, 개그맨을 MC로 선택하는 게 일반적이다.

한마디 말을 해도 분위기를 썰렁하게 만드는 사람이 있는가 하면, 한마디 한마디가 웃음 포인트가 되어 전체 분위기를 화기애애하게 이끄는 사람도 있다. 이러한 능력을 갖추려면 다방면에 여러 가지 끼가 있어야 한다. 많이 보고 배우고 읽고 해서 잠재적으로 그러한 능력을 키워 놓아야 한다. 또 타인에 관심을 두고 관찰하는 능력도 뛰어나야 한다.

개그맨에서 가수와 연기자, 스포츠 스타까지!

물론 그렇다고 개그맨만이 유능한 예능인으로 프로그램을 이끌어 가는 MC가 되는 것은 아니다. 개그맨들은 당연히 웃기고 말을 잘하고 노래와 춤 등을 잘한다는 선입관이 있어서, 그러니까 애초에 기대치가 높아서 좀 더 높은 기준을 적용하기도 한다. 도리어 개그맨이 아닌데도 이러한 능력을 갖춘 연기자나 가수가 더욱 각광받을 때도 있다. 기대치가 그리 높지가 않기에 생각보다 조금만 더 잘해도 유능하다고 평가하는 것이다.

따라서 예능인이 개그맨이라는 말은 정확한 답이 아니다. 개그맨은 직업의 특성상 여러 장점을 가지고 있어서 가수나 연기자보다 유능한 예능인이 많이 배출되었을 뿐이다. 차라리 개그맨 수준의 입담과 재치를 가진 가수나 연기자 출신 진행자가 그 가치는 더욱 높다. 게다가 요즘은 운동선수 출신들이 각종 예능의 MC를 맡을 뿐만 아니라 패널로 나와서 감초 역할도 잘하고 있다. 또한 스포츠 예능 프로그램도 많이 제작되는 추세라 선수 출신 스타들이 점점 더 많이 배출되고 있다.

코미디언
김병만

2002년 KBS 17기 공채 개그맨으로 데뷔
「개그콘서트-달인」「정글의 법칙」
2013, 2015년 SBS 연예대상 대상

개그맨, 코미디언, 예능인은 다르다

결론부터 말하자면, 모든 예능인이 개그맨은 아니다. 사전적 의미의 예능인은 영화, 연극, 가요 따위의 대중 예술에 종사하는 사람이다. 즉 연예인이란 뜻이다. 하지만 우리나라에서 예능인이라 하면 모든 연예인을 통틀어 말하기보다는 예능 프로그램에 출연해 자신의 끼와 재능으로 시청자를 웃고울게 하는 연예인을 일컬어 말한다.

과거 우리나라에는 주로 쇼, 오락과 코미디 프로그램을 '예능'이라고 지칭하며 정통 코미디가 아님에도 불구하고 개그맨들이 위주로 나오다 보니 예능인은 개그맨이다, 라는 인식이 강했다. 하지만 요즘 우리나라 TV엔 예능이 넘쳐 난다. 그만큼 쇼, 오락, 코미디뿐만이 아니라 스포츠, 연애, 관찰 리얼리티 등 예능 프로그램의 포맷 변화도 다양하다. 이에 개그맨은 물론 가수, 배우, 모델, MC, 스포츠 스타 등 예능 프로그램에 나와 활약하고 있는 모든 분야의 연예인이 예능인이 될 수 있는 것이다. 더욱이 요즘은 개그맨보다 더 웃기는 배우나 가수처럼 실제로 본업보다 예능인으로 더 인기를 얻고 있는 연예인들도 많다.

　오히려 개그맨은 예능인이 맞다. 하지만 개그맨을 예능인이라고 한정 지을 수는 없다. 많은 이들이 개그맨을 코미디언, 희극인, 또는 종합 예능인 등이라고 생각하지만 그건 틀린 생각이다. 개그(Gag)는 익살이나 농담이라는 뜻이고 코미디(Comedy)는 희극이라는 의미로, 코미디의 한 장르가 개그다. 개그맨은 코미디언의 한 장르다.

　그리고 나는 개그맨보다는 코미디언에 가깝다. 찰리 채플린, 시무라 켄, 구봉서 선생님, 배삼룡 선생님이 대표적인 코미디언이라고 생각하면 이해가 빠르겠다. 그동안 출연했던 예능 프로그램에서도 재치, 위트의 개그보다는 희극인 코미디를 통해 사람들에게 웃음을 전달하고자 했다. 앞으로도 개그맨, 예능인이기보다는 희극인, 코미디언으로서 사람들에게 큰 웃음과 즐거움을 전달하는 사람이 될 것이다.

가수와 뮤지션의 차이는 무엇인가요?

이 질문은 언제 어떻게 시작되었을까?

"가수와 뮤지션은 무엇이 다른가요?" 종종 이런 질문을 받는다. 더 깊게 들어가면 가수와 뮤지션뿐만 아니라 싱어송라이터, 아티스트, 아이돌까지 질문을 넓히기도 한다. 같은 가수인데, 왜 누구는 뮤지션으로, 누구는 싱어송라이터로, 누구는 아티스트로, 또는 아이돌로 나눠 부르게 됐을까?

이 질문에 답하려면 '이 질문이 언제부터 시작되었을까?'에서 먼저 시작해 볼 수 있겠다. 정확하다고는 할 수 없지만 1990년대 말

쯤부터 많아진 질문이었다. 그 전까지는 뮤지션이란 말보다는 가수란 말을 당연하게 사용했고, 그만큼 대다수가 가수로서의 역할을 해왔다. 뮤지션이라는 말이 없지는 않았지만, 가수와 뮤지션이 무엇이 다른지 궁금할 만큼 대중적으로 통용되는 말은 아니었다는 얘기다. 1990년대 말 대중가요사에 서태지와 아이들을 필두로 뮤지션 역할을 하는 대중 가수들이 많아지면서 가수와 뮤지션이란 용어 선택에 있어 대중들의 혼동이 가중되며 많아진 질문, 그것이 바로 '가수와 뮤지션은 무엇이 다른가?'다.

주체적인 메이킹 능력이 있는가

먼저 사전적 의미로 접근해 보면 가수(singer)는 노래 부르는 일을 직업으로 하는 대중문화인, 뮤지션(musician)은 전문적인 음악가 정도로 구분할 수 있다.

이 사전적 구분만으로는 말만 다를 뿐 가수와 뮤지션을 언뜻 같은 의미로 혼동하기 쉽다. 그러나 정확하게 그 의미를 살펴보면 가수는 노래를 부르는 일에 한정되어 있으며 뮤지션은 음악이라는 포괄적인 의미를 품고 있음을 알 수 있다. 가창만 하는 이를 가수라 한다면, 가창을 포함해 음악적인 모든 부분(작곡, 작사, 프로듀싱, 퍼포먼스 등)에서 역량을 펼치는 사람은 뮤지션이 되는 것이다.

2000년대에 들어서면서 가창만 하던 가수들이 음악적으로 점점 더 많이 참여하기 시작하면서 뮤지션이라 지칭하는 이들이 늘어나게 되었다. 쉽게 접근해 본다면 힙합을 하는 래퍼는, 기본적으로 자신의 비트를 만들고 그 위에 랩을 하는 만큼, 가수보다는 뮤지션이라 부르는 것이 맞겠다.

반대로 K-POP 아이돌은 콘셉트부터 방향까지 제작사가 만드는 경우가 많아 뮤지션보다는 가수라 불리곤 한다. 하지만 이 또한 2000년대로 넘어오면서 빅뱅과 같이 자신들의 노래와 스타일을 직접 메이킹하며 뮤지션으로 불리는 아이돌이 점차 늘어나는 추세다.

요즘은 단순히 노래만 잘하는 가수보다는 자신만의 음악 세계를 가진 뮤지션, 곡을 작사, 작곡하면서 음악적 재능과 예술적 표현력으로 대중들에게 메시지를 전하는 뮤지션들이 많이 등장하고 있다. 음악이라는 힘을 가지고 이 사회에 강력한 메시지를 던져 세상을 아름답게 하려는 뮤지션들이다. K-POP 가수들도 단순히 제작사가 만든 음악을 기계적으로 훈련해서 부르는 것에서 탈피해 본인들이 작사, 작곡에 참여하여 만든 음악을 많이 선보이는데, 개인적으로 이는 매우 바람직한 길이라고 본다.

현재 가요계에서 통용되는 뮤지션과 가수의 차이가 무엇인지, 가수, 보컬 트레이너 등 다양하게 활동 중인 전문가의 이야기를 들어보자.

2002년 1집 앨범 「The Last Gift The One!」으로 데뷔
「나는 가수다」, 「불후의 명곡」 출연
2013년 대한민국문화연예대상 가요부문 대중가요 남자 최우수상

통합적인 프로듀싱 능력이 가장 큰 차이

가수(singer)는 직업적 단어이며 노래를 부르는 일을 직업으로 삼는 사람이라는 뜻이다. 뮤지션(musician)은 음악에 관련된 일을 전문적으로 하는 사람으로, 그 카테고리 안으로 들어가면 작곡, 작사, 편곡, 기악, 가수 등 많은 직업군으로 나뉜다.

가수는 음악적 편곡 안에서 뮤지션들과 협업을 통해 자신의 목소리를 가지고 가사의 감성과 메시지를 전하는 '전달자' 역할을 한다. 가수 개개인에 따라 음악의 정서가 바뀌고 감정의 전달이 달라지기 때문에 음악에 관련된 다른 직업군보다 가수라는 포지션이 돋보이기 마련이다. 그로 인해 리스너들의 공감을 자극하면 환호성과 인기를 보상으로 받는 특별한 포지션을 담당하고 있다.

보통, 뮤지션이란 단어는 한 가지 부문(악기, 작곡)을 특별하게 잘하는 사람을 부르는 데 쓰인다. 또 다른 의미에서는 하나의 프로젝트를 능수능란하게 만들어 내는 지식과 실력, 재능을 겸비한 사람들을 뮤지션에 포함할 수 있다. 뮤지션은 프로젝트의 메시지를 전달하는 과정에서 한 가지 영역을 담당하거나 통합적인 그림을 그리는 프로듀싱의 역할을 수행한다. 그런 부분이 가수와 뮤지션의 가장 큰 차이라고 볼 수 있다.

그렇기 때문에 일반적으로 가수가 뮤지션 카테고리에 속하

기는 하지만, 프로듀싱 영역(싱어송라이터)까지 겸비할 때 진
정한 뮤지션으로 불리는 게 아닐까 한다.

16

연예인의 감정 관리는
어떻게 해야 하나요?

연예인은 감정 노동자들이다

연예인들은 감정 노동을 하는 사람들이고, 대개 일반 사람들보다 감수성이 높은 편이다. 현재 자신의 감정을 감추고 상황에 따라 울고, 웃고, 슬프고, 기쁜 감정 표현을 자유자재로 할 수 있어야 하기에 평소 엄청난 훈련을 한다. 가끔 TV 예능에서 배우들이 하는, '빨리 눈물 흘리기' 같은 시합을 본 적도 있을 것이다.

연예인에게는 감정이입이 중요한 자질 중 하나다. 그러다 보니 사물이나 자연을 볼 때 거기에 자신의 감정을 잘 이입시키는 이들이 많다. 연기자나 가수는 어떠한 역할과 주제가 주어지면 철저히 거기에 몰입하여 그 감정을 표현한다. 심지어 자신이 나무나 강아지가 되어서 그 감정을 표현할 수도 있어야 한다. 가수도 계절에 따른 분위기나 가사에 담긴 감정을 잘 표현해야 하기에 그때그때 주어진 상황에서 감정을 만들어 내야 한다. 상황이 이렇다 보니, 연기자 중에는 극 중 역할과 자기 자신을 혼동하여 감정을 조절하지 못하고 스트레스를 받고 우울증에 걸리거나, 심지어는 극단적 선택을 하는 경우도 발생한다.

공황장애, 우울증, 피해망상

연예인들은 대중들의 인기를 먹고 살아가는 존재다. 항상 일반 대중들로부터 관심을 받는 데 민감할 수밖에 없다. 어느 날 스타로 급부상해서 팬들의 뜨거운 호응과 사인 요청을 받던 연예인이 그 인기가 사라졌을 때 자신의 감정을 컨트롤할 수 없어 공황장애나 심각한 우울증에 시달리며 외부 접촉을 꺼리기도 한다. 한편 현재 인기 절정에 있는 스타 연예인들도 하루아침에 인기가 떨어져 주변 사람들이 자신을 비아냥거리거나 불쌍히 여길 거라 생각하는 과대 피해망상에 빠져 괴로워하기도 한다.

특히 여자 연예인이 남자 연예인보다 자신의 미래에 대해서 불안해하는 편이다. 여자 연예인들의 80퍼센트 정도가 우울증 증세를 갖고 있다는 기사가 나올 정도다. 실제로, 인기 하락으로 드라마 주연 캐스팅에서 밀려나 불안해하던 한 여배우를 만난 적이 있다. 안타깝게도 그 배우는 그 만남 후 스스로 목숨을 끊었고, 이는 내게 깊은 상처로 남았다. 우울증이 심한 사람들은 정상적인 상태가 아닐 때 술을 먹고 약간의 이성을 잃으면 자신도 모르게 극단적 선택을 하는 경우가 있다고 한다. 매우 무서운 일이다. 연예인에게 감정을 잘 다스리는 훈련이 절대적으로 필요한 이유다.

평소에도 내려놓기 훈련을

연예인들의 감정 관리에서 중요한 것은 바로 '내려놓기'다. 내려놓는다는 것은 지금의 자기 자신이 추구하는 목표에서 내려온다는 의미다. 항상 내가 최정상에 있어야 한다는 강박에서 벗어나 언제든 밑바닥에 내려올 수도 있다고 믿는 마음가짐이다. 대중들로부터 얻는 인기는 한때의 절정기가 있으면 내리막길이 있으며, 그 내리막길 끝까지 갈 수도 있음을 자연스럽게 받아들여야 한다. 연기자가 20대에 주인공 역할을 맡고, 30~40대에는 주변 역할을 하다가 50~60대 부모님 역할 그리고 70대 이후 노인 역할을 하는 것은 자연의 순리와도 같다. 가수도 마찬가지로 정상의 위치에 있으면 결국 어느 시점에는 아래로 내려올 수밖에 없다.

연예인 생활을 장기적으로 행복하게 하려면 평소 어떻게 감정과 스트레스를 관리해야 하는지, 다음 연예인의 인터뷰를 통해 구체적으로 살펴보자.

솔루션 인터뷰

배우
최다니엘

2004년 패션모델, 2005년 KBS 드라마 「황금사과」로 데뷔
「지붕뚫고 하이킥」, 「동안미녀」, 「오늘의 탐정」 등 출연
2011년, 2018년 KBS 연기대상 미니시리즈 부문 남자 우수연기상

자기 성향에 맞는 생산적인 취미 갖기

누구든 자신의 직업군에서 받는 스트레스와 육체적 피로를 잘 관리하는 것이 중요하다. 초년생은 물론 경험이 많은 직장인들도 각자의 스트레스와 피로는 비슷할 텐데, 대부분은 그런 눈에 보이지 않는 데미지를 그대로 두거나 관리 방법을 몰라 그냥 지나치는 일이 많을 것이다. 나 역시도 그렇게 보낸 시간이 많았던 것 같다. 그럴 때 대부분 여행을 간다거나 운동을 한다거나 취미를 갖는다거나 하는데, 그것도 꽤 효과적이란 생각이 든다.

하지만 아티스트의 경우, 여러 측면에서 감정적 스트레스와 과부하를 느끼는 때가 종종 있다. 아니, 거의 하루 종일 시달린다고 봐도 과언이 아니다. 작업 시간 중에도, 그 작업을 평가받는 시간 중에도, 또 개인적인 시간에도 창작과 자기계발에 대한 중압감 등을 느낀다. 아티스트가 작업하고 이를 평가하는 일에는 정답이 없는, 어쩌면 기호에 가까운 측면이 있기 때문이다.

그래서 아티스트의 스트레스 또한 개인적인 성향에 맞게 관리를 해야 한다고 생각한다. 외부 활동을 선호하는 사람들은 함께하면 마음이 편하고 자신의 신변 보호가 가능한 사람과 외적 활동을 하는 것이 좋다. 내향적인 성향은 좀 더 편히 쉴 수 있는 공간에서 자신이 좋아하는 취미나 활동을 즐길 환경을 만드는 게 좋다.

어쩌면 자신의 성향에 대해서 잘 모르는 사람도 있을 것이다. 그럴 때는 주위 가까운 사람이 잘 관찰해 주고 부담스럽지 않게 신경을 써 주면 좋다고 생각한다. 주위 사람들의 격려와 용기에 힘을 얻고 자신감을 찾는 성향의 사람들도 있으니까.

자신의 성향을 스스로 잘 알고 있다면 그에 맞는 환경을 갖추고 활동하는 것이 제일 적절하다 하겠다. 일중독자처럼 자기 일이 끊이지 않고 유지되어야 스트레스를 덜 받는 성향도 있을 텐데, 그런 사람들은 오히려 생산적인 취미를 가져 보는 것이 어떨까 한다. 영상 편집을 한다든가 무언가를 만든다든가 글이나 그림 창작을 한다든가 하는 것이다. 취미 활동이지만 자신의 창작성을 결합시킬 수 있는 생산적인 작업을 하는 것이 가장 좋을 것 같다.

결론적으로, 아티스트의 감정 관리를 위해서는 자신의 직업군과 어느 정도 관련된 생산적인 취미를 가져야 한다고 본다. 그냥 허비하는 시간이 길어지면 그 시간 속에서 또 다른 공허함을 느끼고, 어쩌면 좋지 않은 방향과 시간들을 마주할 가능성이 높다. 그래서 생산적인 취미를 가지고, 그것을 제2의 가치로 발전시킬 시간으로 활용하는 것이 가장 좋은 방식이다. 자신이 살아 있음을 느끼고 어딘가 쓸모가 있다는 마음을 갖게 된다면, 그것만큼 큰 격려가 없으리라. 그리고 그런 생각에 이르게 되면 자신의 건강도 관리하게 되고, 스스로 방법을 찾고 해결점을 찾는 힘 또한 자연스럽게 길러지리라 믿는다.

17

팬들은 어떻게 대해야 하나요?

연예인은 팬들로 먹고산다

연예인에게 팬은 목숨처럼 중요한 사람들이다. 팬이 없는 연예인을 우리는 무명 연예인이라고 하는데, 스타와 무명 연예인의 차이는 얼마나 많은 팬을 확보했느냐로 구별된다. SNS나 온라인 세계에서 팔로우 숫자로 파워 인플루언서인지 아닌지 구별하는 것과 마찬가지다.

스포츠의 사례를 살펴보자. 인기 있는 프로 스포츠 경기는 관중석이 항상 가득 차 있지만, 비인기 종목은 관중이 별로 없다. 팬들이 많은 종목은 그만큼 광고주들이 마케팅에 이득을 볼 수가 있어서 협찬, 광고, 스폰서 등이 더 많이 붙는다. 이렇게 흘러들어 오는 자금은 선수나 구단의 수익과 직결되고, 더 좋은 경기를 위한 투자로 이어져서, 그 종목이 더욱 인기를 얻고 선수들의 몸값도 올라가는 선순환 구조로 이어진다. 반대로, 인기가 없어진다면 팬들이 경기장을 찾지 않고, 그러면 광고 마케팅 효과가 떨어져서 광고주나 협찬사 등이 다른 인기 종목으로 이동하게 된다. 이처럼 스포츠 선수들에게도 팬은 엄청나게 중요하면서 무서운 존재들이다. 한번 마음을 주면 열렬한 지지자가 되지만, 마음이 떠나면 바로 싸늘하게 변해 버리기 쉽다.

연예인들에게도 팬들이 중요한 존재라는 건 의심의 여지가 없다. 속된 말로 연예인들은 팬 때문에 먹고산다고 할 정도다. 특히 요즘 팬들은 전방위로 막대한 영향을 미친다. 알다시피 오늘날 팬들은 팬덤 문화를 스스로 일으키고 확장시켜서 단순한 팬클럽에 국한되지 않고 사회적·문화적인 영향을 발휘하는 거대한 세력으로 자리매김했다. 특히 BTS의 팬클럽 아미(ARMY)는 그 영향력이 전 세계 글로벌 시장을 좌지우지할 정도로 어마어마하다.

왕도는 없다, 진심으로 대하라

스타가 되기 전에도, 스타가 된 뒤에도 자신을 좋아하는 팬들을 체계적이고 꾸준하게 관리해야만 인기를 계속 얻을 수 있고, 더불어 팬들과 함께 오래갈 수 있다.

물론 큰 기획사에 들어가게 되면 홍보 마케팅을 담당하는 직원이 체계적으로 SNS 등을 관리해 주겠지만, 연예인 본인이 직접 하는 것과는 팬들에게 하늘과 땅의 차이처럼 느껴진다. 그래서 스케줄이 바쁘더라도 팬들에게는 직접 자신의 진심을 전달하는 것이 중요하다. 형식적으로 팬들을 대하면 그 영향이 바로 자신에게 되돌아온다.

어떤 연예인은 자신을 위한 팬클럽의 행사에는 반드시 참석하여 팬과 함께 시간을 갖는다. 이럴 때 형성되는 팬심은 다른 형식적인 팬클럽과 비교할 수 없을 정도로 충성도가 높다. 또 스스로 주체가 되어 팬클럽 회원의 생일파티를 열어 주는 스타 연예인도 있다. 이런 스타를 누가 마음을 다하여 좋아하지 않을 수 있을까? 스타일수록 자신을 더 낮추고 겸손하게 다가갈 때 팬들은 더욱더 사랑과 애정을 되돌려 줄 것이다. 팬 관리에 왕도는 없다. 진실한 마음으로 자신의 팬들에게 최선을 다하는 것이 가장 중요하고 좋은 방법이다.

싱어송라이터. 2018년 OST「산책」으로 데뷔
2020년「싱어게인: 무명가수전」출연, 2022년 미니 1집「Room Vol.1」발표
2021 MMA 남자 신인상, 히트곡「신호등」,「에피소드」등 다수

그래도 진심! 언제까지나 진심!

나의 음악을 사랑해 주시는 팬분들, 그리고 이무진이라는 사람 자체를 사랑해 주시는 모든 분께 마음을 전하는 방법은 딱 하나, '진심'이다. 진심은 언제나 통한다는 말은 너무 당연해서 의례적인 답변이라고 느껴질 수 있지만, 진심 즉 '진실된 마음'이라는 의미를 한 번 더 생각해 보면 그 어떤 표현보다 중요하다고 생각한다.

나의 마음을 어필하고 싶어서 억지로 없는 표현을 지어 내면서까지 하는 대화는 결국은 진실되지 않는다. 진심이 통하면 침묵 속에서도 그 진심은 존재하기 마련이다. 마치 친한 친구와 함께 있을 때 그 침묵조차도 친근한 것처럼. 그런데 내가 진심을 다해도 그 마음이 가닿지 않을 때도 있다. 그것 또한 그 사람의 진심일 것이다. 진심은 물 흐르듯 존재하지만 상대적이기에 그 기준을 본인에게만 맞출 수 없다. 그래도 진심을 다해야 후회와 미련이 남지 않기 때문에 항상 마음을 다하는 편이다. 그러다 보면 그 끝에는 결국 진심이 통한다고 믿는다.

「싱어게인」에서 나 스스로를 '노란 신호등'이라고 표현했을 때 많은 분에게 각인이 되고, 또 좋아해 주셨다. 빨간 신호등과 파란 신호등 사이 3초라는 찰나의 순간 빛을 내는 노란 신호등처럼, 기회가 닿을 때 최선을 다해 빛내고 싶다는 진심이 와 닿지 않았을까 생각된다. 또 누구에게나 노란 신호등 같은 기회는 찾아오고 그 마음에 위로와 공감도 함께했다고 생각한다.

'진심이다.' 어쩌면 툭 내뱉는 이 단어로 쉽게 포장할 수도 있겠다. 하지만 마음을 온전히 담는다면 마냥 가볍지는 않을 것이다. 포장은 언제든 풀어지기 마련이고, 포장보다 중요한 것은 그 안에 들어 있는 내용이다. 나는 누구를 만나든, 어떤 순간이든 '진심'으로 온 마음을 다하려고 한다.

무대에 오르기 전에
자신을 다스리는 방법은?

30년 이상 무대에 오른 베테랑들도 현장에서 라이브 공연을 할 때면 신인처럼 심장이 두근거리고 진땀이 난다고 한다. 오랜 경험으로 TV 화면에서는 여유 있는 모습처럼 비칠 뿐이다. 라디오를 듣다 보면, 갑자기 무대에 올라 노래를 부르려는데 중간에 가사가 생각나지 않아서 화음으로 대충 몇 소절 이어 갔던 아찔한 에피소드들이 소개되기도 한다. 심지어 최근에는 뮤지컬 분야 정상에 있는 아티스트가 라이브 공연 중 노래를 못 하고 울다가 나간 사건이 있어서 화제가 된 적도 있다.

무대에서 갑자기 정신적 붕괴 현상이 오는 일은 신인이든 베테랑
이든 가리지 않는다. 늘 엄청난 심리적 압박감이 도사리고 있는 곳이
무대이고 현장이다. 엄청난 부담감을 억누르고 있다가 일시적으로
멘탈이 붕괴되는 베테랑들도 나는 간혹 보았다.

연예인들의 실전 마인드 컨트롤

자신감과 실력이 있으면 도리어 무대에 빨리 올라가서 보여 주고
싶어진다. 긴장할 겨를이 없다. 평소 연습과 노력으로 실력을 갖추는
것이 최선의 해결책임은 더 말할 필요가 없다.

그러므로, 여기서는 좀 더 실용적으로 접근해 보자. 실제로 신인들
과의 인터뷰를 통해서 그들이 무대에 오르기 전에 마인드컨트롤 하
는 방법을 살펴보는 것이다.

첫째, 자신이 좋아하는 말씀 구절을 반복적으로 되새기면서 기도
를 하고 들어가는 신인들이 있었다. 교회를 다니는 친구들은 자신이
믿는 하나님께 짧은 기도를 올리고 모든 것을 맡기는 상태가 되면 마
음을 안정시킬 수가 있다고 했다. 실제로도 이 분야에 일하다 보면
힘들고 말 못 할 어려움을 맞닥뜨리기 쉬운데, 부모님이나 형제, 친
구들에게도 말할 수 없는 상황에서는 의지할 만한 종교가 해결책이
되어 주기도 한다.

둘째, 내가 하던 것의 80퍼센트만 실력 발휘를 하면 된다고 생각
하는 것이다. 아무리 대단한 대가여도 인간이기에 실수할 수밖에 없

2022년 독일 프랑크푸르트에서 개최된 「KPOP.FLEX」 콘서트 무대

다. 차라리 모든 사람은 불완전하다 생각하고 마음을 편히 먹으면 자신의 실력에 어느 정도 만족하게 되어 무리하지 않는다.

셋째, 무대에서 부를 노래의 취약한 부분을 반복 연습해 보는 것이다. 실제 무대에서는 자신의 실력에 반 정도만 발휘된다고 볼 때, 가장 자신 없는 부분을 끝까지 연습해서 어느 정도 편안해진 마음으로 무대에 서도록 한다.

넷째, 무대에 올라가서 노래를 부르고 내려올 때까지의 자신의 모습을 이미지 트레이닝 하는 것이다. 동선 체크를 하듯이 올라갈 무대와 그 위에서의 모습을 미리 머릿속에 그려 보면 마치 한 번 경험했던 것 같은 효과를 볼 수 있다.

다섯째, 목을 풀고 그 텐션을 유지키는 것이다. 가만히 있다가 무대에 오르면 갑자기 목이 잠기거나 당황할 여지가 많다. 목을 풀 때는 낮은음부터 시작하면 된다.

그 밖에도 초콜릿을 꼭 먹는 신인들도 있었고, 올림픽 경기에 출전하는 운동선수들처럼 헤드폰을 끼고 노래를 듣거나 핸드폰을 하는 신인도 있었다. 여기에 정답은 없다. 자신에게 잘 맞고, 실제로 했을 때 가장 효과가 있는 방법을 찾으면 된다.

솔루션 인터뷰   (여자)아이들 우기

5인조 걸그룹 (여자)아이들 멤버
2018년 (여자)아이들 미니 1집 「I am」으로 데뷔
히트곡 TOMBOY, 퀸카 (Queencard), Super Lady 등 다수

이 순간을 즐기는 마음, 그것 하나만으로 충분해

먼저, 무대를 오르기 위해서는 많은 준비가 필요하다.

충분한 연습이 되어 있어야 하는 것은 당연하고, 무대 위에서 보이는 비주얼적인 면도 완벽히 준비해야 한다. 하지만 역시 가장 중요한 건 나 자신에 대한 믿음과 무대를 즐기는 자세라고 생각한다. 나는 보통 무대에 오르기 전에 '무대를 위해 열심히 준비했으니, 준비된 나 자신을 믿고 무대에 올라 준비한 모든 걸 보여 주자, 내 무대를 지켜봐 주는 팬들이 있으니 즐기자!'라고 생각한다.

나는 데뷔 무대를 할 때도 떨리지 않았다. 오히려 더 신났는데, 그동안 내가 준비한 것들을 보여 주고 싶고, 즐기고 싶었기 때문이다. 무대 위에서, 팬들 앞에서 보여 주고 싶은 마음이 컸고, 그 순간에는 즐거움밖에 없었다. 회사 분들도 놀라셨다. 데뷔 무대를 떨지도 않고 즐긴 신인은 나밖에 없지 않았을까!

지금은 연차가 쌓이고 경험도 생겨서 내가 무대 위에서 뭘 더 잘하고 뭘 하면 더 멋있는지 알고 있다. 그래서 무대에 오르면 후회가 남지 않도록 하고 싶은 걸 다 하는 편이다. 모든 걸 쏟아 낸다.

특히, 나는 성격상 무대에 오르기 전에는 걱정을 하지 않는다. 그저 빨리 무대 위에서 즐기고 싶다는 생각밖에 없는 것

같다. 그래서 이 인터뷰가 도움이 안 될 수도 있을 것 같다는 생각이 든다. ㅎㅎ

　하지만, 꼭 기억하길. 자신감! 믿음! 그리고 즐기는 것! 이 세 가지면 무대 위에서 누구보다 빛날 수 있을 것이다.

19

체중과 체력, 몸매 관리는
어떻게 하나요?

BMI를 기준으로 상태를 체크한다

남녀를 불문하고 연예인 준비 과정에서 체중과 체력 관리는 제일 중요한 부분 중 하나다. 카메라에 예쁘게 나오는 체중과 일상에서 보기 좋은 체중은 분명 차이가 있고, 무조건적인 근육질의 모습도 정답은 아니다. 특히 살인적인 연습량과 스케줄을 소화해야 하는 연예인들에게 체력과 몸매 관리는 선택이 아닌 필수 조건이다.

우선, BMI 기준으로 설명해야 할 것 같다. BMI(Body Mass Index)란 체질량지수를 통해 본 체중에 대한 기준이다. 일반인들은 BMI를 크게 강요받지 않지만, 연예인들은 방송에 비치는 모습을 신경 써야 하므로 BMI 지수로 체크를 많이 한다.

체질량 지수(BMI)는 키와 몸무게를 기준으로 체지방을 측정한다. 계산법은 본인의 몸무게(kg)를 측정하여 그 숫자를 미터(m) 단위의 키의 제곱으로 나누는 것이다.

체질량 지수 = 체중kg÷(키m×키m)

예를 들어, 한 여성의 키가 160cm이고 체중이 55kg이라고 할 때, 55÷(1.6×1.6)=21.484······ 해서 체질량 지수는 21.5가 된다. 그런 다음 그 숫자를 사용하여 저체중, 정상, 과체중 또는 비만 등 건강 범주에 속하는 위치를 살펴본다. 여성의 경우는 다음과 같다.

BMI	한국인 기준	국제 기준(WHO)
18.5 미만	저체중	저체중
18.5 ~ 22.9	정상체중	정상체중
23.0 ~ 24.9	과체중	정상체중
25.0 ~ 29.9	경도비만(비만 1단계)	과체중(비만 전 단계)
30.0 ~ 34.9	중등도비만(비만 2단계)	경도비만(비만 1단계)
35.0 ~ 39.9	중등도비만(비만 2단계)	중등도비만(비만 2단계)
40.0 이상	고도비만(비만 3단계)	고도비만(비만 3단계)

참고 삼아, 걸그룹와 일반 여성의 평균적인 체질량 지수를 비교하면 다음과 같다.

	키	체중	BMI
걸그룹	164.3cm	45.1kg	16.71
일반 여성	161.3cm	57.7kg	22.18
차이		+12.6kg	+5.47

남자의 기준도 바뀌었다

방송 카메라에 비치는 모습은 일상에서 보이는 모습보다 일반적으로 1.5~2배 정도 더 커 보인다. 우리가 연예인들을 처음 실제로 보면, "얼굴이 주먹만 하네." 하며 놀라는 것도 이 때문이다. 일반인이 카메라에 얼굴이 잘 나오려면 엄청난 노력으로 얼굴 살을 빼야만 한다.

미의 기준도 많이 바뀌어서, 예전에 남성들은 차인표처럼 단단하면서 굵은 허벅지를 선호했지만, 요즘은 청바지에 어울리는 슬림한 허벅지를 위해 스스로 클리닉을 찾아 메조테라피 시술을 받는다. 최근에는 와이셔츠를 입었을 때 맵시가 나도록 등살 관리까지 하는 남자들도 늘어났다. 이제는 남성들도 더 예쁘게 보이기 위해 스스로 가꾸는 시대다.

운동과 식단 조절에서 중요한 것은 꾸준함

몸을 가꾸려면 장기적인 플랜을 세워 꾸준히 해야 한다. 몇 년간 서서히 늘어난 살을 단기간에 없애겠다는 생각은 버리자. 운동은 한꺼번에 많이 하는 것보다 꾸준히 하는 것이 좋다. 일주일에 세 번, 3개월 이상 꾸준히 해야 효과를 본다. 자신의 기초 체력을 고려하지 않고 숨이 넘어갈 정도로 뛰는 것은 좋은 방법이 아니다. 근력 운동도 무작정 하다 보면 운동량에 비해 효과가 없거나 원하는 부위가 아닌 다른 부위의 근육만 키운다.

먼저, 기초 체력과 체성분 테스트를 통해 자신에게 맞는 운동 프로그램을 짠 후 근육량을 늘리고 지방을 줄이는 운동을 해야 한다. 근력 운동과 유산소 운동은 6:4 비율로 하여 지방을 연소하면서 근육을 다듬어야 한다.

운동 순서는, 가벼운 유산소 운동 10분→스트레칭 5분→웨이트 트레이닝 40분→유산소 운동 30분→마무리 스트레칭 5분으로 총 1시간 30분 정도가 적당하다. 나아가 코어 근육(Core Muscle, 복부, 척추 주변, 허리 등의 근육)을 단련시키고 신체 균형과 유연성을 높여 아름다운 보디라인을 가꾸는 운동을 해야 한다.

운동만큼 식단 조절도 중요하다. 운동을 아무리 열심히 한다고 해도 식단 조절을 잘못하면 그동안 애써 관리한 노력이 물거품이 된다. 닭가슴살은 칼로리가 낮으면서도 단백질이 풍부해 몸짱 스타들이 즐겨 섭취하는 식품이다. 음식의 간은 최대한 싱겁게 하고 물을 자주 많이 마시는 습관을 들여야 한다. 아침은 가능한 많이 먹고 저녁은 무작정 굶기보다는 꼭 챙겨 먹는 습관을 들이는 것이 좋다. 가능하면 6시 이전에 먹는 것이 좋고, 식사 후 산책이나 가벼운 스트레칭이 소화에 도움이 된다. 밤에 공복감을 느낀다면 과일보다는 야채를 먹는 것이 더 좋다.

차은우, 이민호, 김우빈, 박재범 등 남자 연예인들이 몸매를 만들기 위해서 얼마나 많은 시간과 노력을 투자했을지 생각해 보라. 운동과 식단 조절을 할 때 꼭 지켜야 할 것은 꾸준함이다.

TIP 운동과 식단 조절 시 지켜야 할 것들

❶ 천천히 꼭꼭 씹어 먹자.

❷ 아침 식사는 거르지 말고 꼭 챙겨 먹는다.

❸ 저녁은 가급적 늦지 않게 소량을 먹는다.

❹ 운동은 하루 30분씩 주 5회 이상 꾸준히 한다.

❺ 평소 활동량을 늘려라.(습관성 운동을 시도하기-계단 오르기, 걸어 다니기 등등)

❻ 야채를 많이 먹자.

❼ 찬 음료보다는 미온수나 따뜻한 음료를 자주 마시자.

솔루션 인터뷰   가수 김종국

1995년 댄스그룹 터보 데뷔, 2001년 솔로 데뷔
「한 남자」, 「제자리 걸음」, 「사랑스러워」 등 다수의 히트곡
2005년 지상파 3사 가요대상 그랜드슬램 달성

'무엇을 어떻게 하느냐'보다
'할 수 있는 의지가 있느냐'가 더 중요해

나는 체중을 크게 신경 쓰거나 하루하루 예민하게 관리하지는 않는다. 연예인이란 직업이 보여지는 것이 중요한 직업이다 보니 아무래도 어떻게 보여지는지에 더 기준을 두고 관리하고 있다.

기본적으로 꾸준히 루틴을 지켜 운동을 한다. 바쁜 스케줄로 인해 지키지 못하는 때가 오더라도 운동 강도와 시간을 조절해서라도 꼭 지키려고 노력한다.

체력은 방송 일을 하는 데 너무나도 중요한 부분이기에 가능하면 음식으로 조절하는 다이어트보다는 운동을 통한 관리를 중점적으로 한다. 부족한 영양으로 에너지가 떨어진 상태에서 여러 방송 녹화를 진행하다 보면 양질의 콘텐츠를 만들기가 어려워진다고 생각하기 때문이다.

결과적으로 체중, 체력, 몸매 관리는 개별적으로 접근하기보다는 건강이라는 큰 목적을 중심으로 접근한다. 규칙적인 운동, 깨끗한 식단, 술 담배 안 하기와 같은, 어찌 보면 누구나 이미 다 알고 있는 지극히 일반적인 방법이 가장 효율적이다. 특별히 무엇을 어떻게 하느냐보다는 할 수 있는 의지가 있느냐가 가장 중요하지 않을까 한다.

3부
기획사로 가는 길

기획사 선택은 연예인의 길을 가는 데
있어서 자신의 운명을 결정하는
중요한 일이다. 물론 이러한 기획사를
들어가는 데도 엄청난 경쟁률을 뚫어야
한다. 이 부에서는 과연 어떠한 기준과
방법으로 연예인 지망생들을 뽑는지
기획사 대표들이 직접 알려 준다.
또한 지금까지 어디에서도 공개되지
않았던 연예인들의 수입, 수익 분배,
그리고 계약서 작성 시 주의점 등도
알 수 있다.

20

기획사에서는 무슨 일을 하나요?

스타를 만드는 것은 자본인가 사람인가

연예인을 꿈꾸는 사람들은 기획사에 어떻게 들어가는지, 기획사에서는 무엇을 하는지가 가장 궁금할 것이다. 대형 기획사들은 보통 스타를 만드는 자신들만의 시스템이 있어서 이를 외부에 공표하길 꺼린다. 그러나 대형 기획사라고 해서 가수나 연기자를 스타로 만드는 데 특별히 다른 시스템이 있는 것은 아닌 듯하다.

대형 기획사나 소형 기획사 모두 목표는 같다. 자신들이 선택한 연예인, 즉 가수 지망생이나 연기자 지망생을 잘 훈련해서 스타로 만드

큐브엔터테인먼트 가수 오디션

는 것이다. 그렇게 자신의 기획사가 수익을 내는 것이 가장 큰 목표다. 다만 대형 기획사, 특히 상장된 기획사들은 풍부한 자본력을 바탕으로 연습생을 체계적인 시스템으로 훈련하거나, 그들을 스타화하는 데 자본과 인적 네트워크를 좀 더 수월하게 활용한다는 장점이 있다.

물론 소형 기획사라고 해서 자본과 네트워크가 없어서 스타를 양성하지 못한다고 볼 수는 없다. BTS나 배우 이민호 등 세계적 한류 스타들은 처음에 대형 기획사가 아니라 소형 기획사에서 시작했다. 풍부한 자본력과 시스템이 스타를 만드는 전부는 아니다. 대한민국 엔터 산업에서는 아직 사람이 스타를 만드는 것이지, 돈이 스타를 만드는 것은 아니라는 얘기다.

특히 콘텐츠 산업에서는 더욱 그러하다. 회당 제작비 20억 이상, 총 300억을 넘게 들인 대작 드라마가 망하는가 하면, 회당 제작비 5~6억 들인 드라마가 순수익 200억 이상을 올리는 것이 콘텐츠 시장의 세계다. 마찬가지로, 기획사가 대형이냐 소형이냐가 아니라 기획사 대표나 결정권자가 연예인 지망생을 얼마나 열정을 갖고 스타로 만드느냐에 따라 그 성공이 결정된다. 상장된 대형 기획사가 스타를 만드는 데 소형 기획사보다 유리한 건 사실이지만, 방송 콘텐츠 제작이나 연예인을 발굴해 스타를 만드는 작업은 아직까지는 자본과 시스템보다는 기획사 결정권자들의 직관적 감이 매우 중요하다.

가수 기획사와 연기자 기획사의 차이

가수 지망생의 경우, 자본력의 중요성이 점점 커지고 있어서 대형 기획사가 유리한 점이 있다. 보통 아이돌이나 걸그룹을 방송에 출연시켜 데뷔하기까지는 대략 3~5년 정도 투자해야 한다. 장기간 막대한 자금이 소요되어 이제는 소형 기획사에서 스타 그룹을 만들기는 쉽지가 않은 현실이 되었다. 오디션이나 추천을 통해 연습생을 선발하고 나서, 춤, 노래 방면의 전문가들을 고용해 체계적으로 교육해야 하고, 어느 시점이 되면 앨범을 만들기 위해 작곡가, 작사가를 섭외하고, 홍보 마케팅을 하는 데 엄청난 비용을 투자해야 한다.

반면, 연기자의 경우는 가수에 비해 막대한 자금이 들어가지 않아서 비교적 작은 기획사에 속해도 기회는 많다. 연기자 지망생들은 좋은 연기 선생님을 통해 기본기를 갖추는 것이 중요한데, 비용 면에서 살펴보면 가수 기획사와는 확연한 차이가 난다.

다시 말하지만, 결국 가수 기획사나 연기자 기획사나 자신들이 스타로 만들 수 있다는 직관적인 감이 들면, 나머지 시스템적인 것은 일반적으로 해결될 수 있다고 본다. 스타를 만드는 것은 돈이 아니라 사람이다.

큐브엔터테인먼트 대표 안우형

오하이오대학교 대학원 저널리즘학 석사
서태지컴퍼니 대표이사, 엔턴 대표이사, 케이블리 대표이사 역임

엔터사에서는 실제로 무슨 일을 할까

국내뿐만 아니라 해외의 경우에도 기획사는 연기자 중심의 회사와 가수 중심의 회사로 나뉜다.(예능인이나 유튜버 전문 기획사도 있으나 크게 가수와 연기자를 기준으로 얘기해 보겠다.) 그들은 연예인으로서의 가능성을 가진 신인들을 발굴하고, 트레이닝 한 후 데뷔를 시킨다. 크게 보면 여기까지는 두 타입의 회사들이 동일한데, 구체적으로 어떤 부분이 다른지 살펴보면 다음과 같다.

|가수 중심|

가수를 준비하는 연습생들은 나이가 아주 어리다. 보아가 만 13세에 데뷔할 때만 해도 겨우 13세가 데뷔를 한다고 모든 사람이 놀랐다. 하지만 지금은 아니다. 데뷔 나이는 점점 어려지고 최연소 데뷔 아이돌의 기록도 점점 경신되고 있다. 그만큼 어릴 때부터 트레이닝을 시작한다. 각종 아카데미에서는 키즈반 연령대의 원생 비율이 초중고생을 모두 합한 숫자보다 많다고 할 정도다.

먼저, 각 아카데미를 돌며 끼 많고 발전 가능성 있는 원석을 발굴한다. 그리고 그다음부터 기획사의 본격적인 투자가 이루어진다. 기본이 되는 보컬, 댄스 수업은 물론 언어(영어, 일어, 중국어) 교육 및 인성 교육과 심리 상담을 통한 멘탈 케

어까지가 트레이닝에 속한다.

매주, 매월 이뤄지는 평가를 통해 연습생 중 최정예 멤버가 데뷔조로 데뷔를 준비한다. 데뷔조가 되면 외모 관리도 시작된다. 최상의 컨디션을 위해 준비를 하는 것이다.

또한 앨범 준비도 진행된다. 녹음, 재킷 촬영, 뮤직비디오 촬영 등 기본적인 것들부터 예능 교육, 인터뷰 교육 등도 함께 이루어진다. 그리고 데뷔를 한다.

기획사에서는 데뷔 앨범 곡 선정에서부터 콘셉트를 정하고 세계관을 기획하는 등 멤버들에게 맞는 스토리를 짜고 콘셉트에 맞는 콘텐츠들을 기획하고 진행한다.

발매 후, 각종 음악 방송에 출연하는 것은 물론이고, 음반 판매를 위한 팬 사인회를 진행하고 팬 이벤트를 기획해 팬덤과의 소통의 장을 만들기도 한다. 앨범 활동을 마무리하고 공백기에 들어서도 기획사는 쉬지 않는다. 다음 앨범에 대한 컨셉을 정하고, 그에 따른 멤버를 트레이닝 하며, 공백기에도 팬덤을 위한 콘텐츠를 기획하고 생산한다. 그리고 또 새로운 앨범을 준비하기를 반복한다.

|연기자 중심|

아역 전문 회사가 아닌 일반적인 배우 회사를 예로 들어 설명해 보겠다.

가장 먼저 마스크가 괜찮거나, 연기력이 아주 훌륭한 배우를 캐스팅한다. 그리고 그 연기자에게 맞는 역할이 주어질 수 있도록 캐스팅에 힘쓴다. 물론, 배우의 연기력은 기본 바탕이기 때문에 연기 레슨도 꾸준히 진행하지만 가수 회사처럼 체계적이거나 무조건 진행하는 것은 아니다. 케이스에 따라 달라진다.

많은 제작사, 감독, 작가를 통해 여러 대본들을 수집한다. 수집한 대본들을 분석하고 이 작품을 통해 어떤 점을 얻을 수 있을지 판단하기도 한다. 대본을 검토하고 좋은 역할에 배우가 캐스팅될 수 있도록 하는 것이 연기자 기획사의 가장 큰 일 중 하나다.

신인의 경우 하루에 3~5개의 오디션을 보러 이동하기도 한다. 오디션 기회가 주어질 수 있는 것 또한 기획사에 따라 달라진다.

작품에 들어가게 되면 작품 속 캐릭터에 따라 제작진과 함께 콘셉트 회의를 진행한다. 역할에 더욱 몰입될 수 있는 스타일링을 위해 기획사의 의견과 제작진의 의견을 나누고 함께 콘셉트를 결정한다.

그리고 촬영 스케줄에 맞춰 촬영에 임한다. 여기서 기획사는 배우의 컨디션 조절에 힘쓴다. 가령 막 씬을 찍고, 다음 날 첫 씬을 찍는 스케줄이라면 기획사에서 스케줄 조율을 요청하고 조정한다. 배우가 연기할 수 있는 최상의 컨디션을 유지하는 것이 가장 중요하다. 작품 촬영이 끝나면 작품 홍보를 위한 스케줄을 이행한다. 그리고 다시 새로운 작품을 준비한다.

오디션은 어떻게 준비해야 하나요?

나만의 필살기를 찾아라

연기자 오디션이나 가수 오디션을 지원할 때 보통 자기소개서와 프로필 사진을 준비한다. 특히 자기소개서를 작성할 때 중요한 점은 남들과 차별화된 경력과 체험이 있느냐다. 남들보다 독특한 것을 좋아하고 특별한 행동과 사고를 갖고 있는 사람이 스타로 발전할 가능성이 크다고 보기 때문이다. 연기나 노래를 잘해야 하는 것은 기본이니 말할 필요가 없고, 그 외의 자신만의 필살기, 즉 차별점이 확실히 있어야 수천 대 일의 경쟁을 뚫고 통과할 수가 있다.

연기자 오디션에서 중요한 것들

연기자 오디션에서 가장 중요한 것은 비주얼이다. 특히 카메라 테스트를 해서 화면상 뚱뚱하게 나오면 일단 탈락이라고 보면 된다. 카메라 테스트를 할 때 중요시하는 것이 눈이다. 카메라를 클로즈업시켜서 연기자의 눈매를 중점적으로 보는 경우가 많다.

외모와 더불어 목소리도 좋아야 한다. 방송에서 대사 전달이 중요하기 때문이다. 평소 목소리가 시청자들에게 잘 전달되도록 오디오 훈련이 잘되어 있어야 한다.

마지막으로 자신만의 주특기가 반드시 있어야 한다. 외국어 언어에 능통하든지, 잘하는 스포츠 종목이 있든지, 노래나 춤을 잘하든지, 아니면 승마나 골프, 수영 등을 잘하든지 등등. 이 모든 것이 현장에 투입될 때 활용될 수 있기 때문에 장점으로 작용한다. 특이한 아르바이트 경험이나 체험 또한 점수를 얻는 포인트라고 볼 수 있다.

가수 오디션에서 중요한 것들

가수 지망생에게 중요한 것은 독특한 매력이다. 그래야 심사위원들의 시선을 일단 자신에게 고정시킬 수가 있다. 독특한 외모도 나쁘지는 않다. 평범한 모습보다는 독특함이 남들과 차별화되는 데 유리하다.

또 가수 지망생은 춤을 잘 추어야 한다. 특히 요즘 아이돌 가수나 걸그룹이 되려면 춤은 기본 중의 기본이다. 물론 발라드나 트로트 가수 지망생들은 춤이 크게 중요하지 않다고 할 수도 있지만, 그래도 요즘 시대에는 기본적으로 춤에 대한 훈련이 잘 되어 있어야 한다고 본다.

그리고 당연한 얘기겠지만, 목소리 또한 남들과는 다른 색깔을 갖고 있어야 유리하다. 연기자는 대사를 잘 전달하는 맑고 또렷한 목소리면 되지만, 가수 지망생들은 듣기 좋을 뿐만 아니라 차별화된 목소리를 갖고 있어야 훗날 자신만의 독특한 음악 세계를 구축할 수 있다.

완성도가 아니라 가능성을!

오디션에서 심사위원들은 완성된 모습을 보는 게 아니라 그 가능성을 본다. 완벽한 연기나 노래는 할 수도 없고, 또 대부분 만들어지는 것이기 때문이다. 오디션에서는 연기자나 가수 지망생들이 현재 얼마나 잠재력이 있는 원석인지를 가늠하고, 이 원석을 잘 다듬었을 때 가치 있는 보석으로 발전될 수 있는지를 예상한다.

마지막으로 심사위원들에게 스타가 될 수 있다는 자신감을 어필하는 것도 중요하다. 그 앞에서 떨면서 주눅이 들어 실력 발휘를 제대로 못 하는 지망생들이 대부분인데, 간혹 당찬 지망생들이 있으면 좋은 인상을 남기면서 높은 평가를 받는다.

솔루션 인터뷰

드림캐쳐
컴퍼니 대표
이주원

스타제국에서 걸그룹 쥬얼리 매니저로 근무
걸그룹 달샤벳, 드림캐쳐 등을 데뷔시킨 25년 이상 경력의 제작자

실전 오디션의 모든 것

| 새로운 팀을 만들기 위한 오디션 준비 과정 |

1. 각 지역에서 기획사 오디션을 진행하는 실용음악학원과의 협업

전국 광역시도별로 오디션을 진행하는 실용음악학원이 있고, 진행하지 않는 학원도 있어서 전화나 메일을 통해 오디션

을 진행하고 싶다는 의사를 전달한다.

　오디션을 진행하는 실용음악학원의 경우, 월별이나 분기별로 오디션을 개최한다. 최근에는 온라인 오디션 포스터를 보내서 학원 게시판이나 학원 온라인 채널(홈페이지, 블로그, SNS 등)에 공고하고 이메일로 서류 및 영상, 사진 등을 접수받기도 한다.

　오디션을 진행하지 않는 실용음악학원의 경우, 원장님들과 컨택을 해서 학원생 중 오디션 지원을 희망하는 사람들에 한해 이메일로 서류 및 영상, 사진 등을 접수받을 수도 있다.

2. 각 지역 예술중·고등학교 캐스팅, 선생님들과 교류를 통한 경우

　서울에 위치한 한림예술고등학교, 공연예술고등학교, 리라아트고등학교부터 시작해 각 지역 실용음악과 또는 실용무용과 등이 있는 학교에 직접 찾아가서 하교 시간에 캐스팅을 진행한다. 일부 학교는 선생님들과의 교류를 통해 오디션을 지원받는 경우도 있다.

　한림예술고등학교나 공연예술고등학교의 경우, 선생님들도 오디션에 대해 많이 열려 있고, 학교 행사가 열릴 때도 협조적이라 학생들과의 컨택이 수월한 편이다.

3. SNS나 유튜브 등을 통한 캐스팅

최근 연기자 파트에서는 SNS를 통해서 캐스팅을 많이 진행한다고 한다. 우리도 SNS를 통해 인물을 써칭하기는 하는데, 음반 파트는 아무래도 피지컬과 능력을 보기에 유튜브가 조금 더 잘 맞는 플랫폼이라 유튜브 써칭을 많이 한다.

4. 해외 인프라를 통한 오디션 기획

사실 중소기업에서 진행하기에 쉬운 방법은 아니지만 기회가 된다면 현지에서 오디션도 불가능하지는 않다. 다만 들어가는 비용과 시간에 비례해 만족스러울 만한 결과를 얻기가 쉽지 않기 때문에 이메일로 접수받는 경우도 있다.

| 오디션 볼 때 중요점 |

이 내용은 우리 측의 주관적인 의견이라는 점, 그리고 우리는 큰 기업이 아니어서 연습생을 다양하게 뽑고 트레이닝을 시킬 수 없다는 점을 참고하여 읽기를 부탁드린다.

1. 우선 데뷔를 목표로 할 팀의 성별 및 색깔에 대한 기준을 세운다.
2. 만약 우리가 데뷔를 목표로 할 팀이 실제로 악기 연주가

가능한 남자 밴드 그룹이라고 치면, 확인해야 하는 내용은 아래와 같다.

[체크리스트1] **보컬 및 악기 담당 멤버가 될 수 있을지 실력을 확인한다**

실용음악학원이나 공연예술학교 선생님들의 추천을 받을 수도 있고, 오디션 포스터를 통해 홍보해서 이메일로 오디션 접수를 받을 수도 있다. 유튜브를 통해서 찾은 인물에게 실제로 연락을 진행해 본 적도 있다.

[체크리스트2] **외모와 피지컬을 확인한다**

구체적이고 솔직하게 말하자면 너무 잘생긴 얼굴보다는 트렌디한 얼굴을 선호하고, 가꿔지지 않은 상태에서 메이크오버를 했을 때의 얼굴을 상상한다. 피지컬적인 부분은 우선 키를 제일 중요하게 보고, 이후 비율을 확인한다. 우리는 키 178cm 이상을 선호하며, 고등학교 1~2학년 남학생은 175cm 이상만 되어도 좋다. 이후에 더 자랄 것을 기대해 볼 수 있으니까.

남자, 여자 팀을 막론하고 보컬을 뽑을 때 노래를 정말 잘하는데 외모가 애매한 경우 '이 친구가 과연 매력 있는 얼굴을 보여 줄 수 있을까?'를 고민해 본다. 전라도 사투리로 말하는 게 가장 적절한 표현일 것 같다. '얼굴에 귄있다', '귄있게 생겼다' 같은 말로 표현되는 얼굴을 선호한다.

ex) 에이핑크-정은지, 엑소-시우민, 데이식스-영케이, 몬스타엑스-기현, 세븐틴-부승관 등

[체크리스트3] 가정환경과 인성, 성격 등을 확인한다(오디션에서 선발된 사람에 한하여)

요즘은 학폭, 빚투, 가족 구성원의 종교, 직업 등도 문제가 되고, 당사자의 학업 성취도나 학교생활, 인성 등을 매우 중요하게 생각하기 때문에 당사자에게 직접 학생기록부를 제출받거나 학교생활을 함께 했던 선생님 또는 친구들을 통해 사전 조사를 잘 해 두어야 한다.

[체크리스트4] 의지를 확인한다

아이돌 연습생은 웬만한 각오로는 시작할 수 없다. 당연히 멘탈 관리를 하면서 연습을 하게 되겠지만 애초에 본인이 적당한 생각만 가지고서는 오랜 시간을 인내하고 참아낼 수 없다고 생각하기 때문에 오디션 지원자들의 각오와 의지가 매우 중요하다. 결국 본인이 '하고 싶으냐, 하고 싶지 않으냐'가 명확해야만 성공할 수 있다.

소속사와 계약서를 쓸 때
주의해야 할 점은 무엇인가요?

계약서는 최후의 보루 – 표준계약서를 작성하라

계약서 작성은 서로 지켜야 할 신뢰와 믿음을 문서로 정확히 남기는 일이다. 일이 잘될 때 계약서라는 것은 무의미하나, 일이 잘되지 않았을 때 주요 분쟁의 소지를 판가름하는 중요한 문서가 된다. 가장 이상적인 형태는 계약서 없이 서로 믿고 일하는 것이겠지만, 이러한 일은 절대 있지도 않고 미련한 방법일 뿐이다. 특히 "자신을 믿어라." 하면서 계약서 없이 일을 같이 하자고 하는 이는 사기꾼으로 보면 된다.

물론 외국과 거래할 때는 계약서가 별 의미가 없을 수도 있다. 실제로 나는 외국과의 거래에서 계약서는 군자지교(君子之交), 즉 서로 간 믿음의 정표라고 본다. 왜냐하면 국제간 분쟁이 있을 때 소송이 걸리면 이기기가 쉽지 않을 뿐만 아니라, 많은 시간과 노력과 금전적 비용이 들고, 결국 국제 변호사만 돈을 버는 상황이 되어 버리기 때문이다. 일반적으로 국내 소송도 결국은 변호사만 돈을 버는 구조이기 때문에 가급적이면 법정까지 가지 말아야 한다. 만약을 대비해서라도 최후의 보루인 계약서를 잘 만들어 문서로 남겨 놓아야 한다.

요즘은 '표준 계약서'가 있어서 연예인 지망생과 소속사 간의 계약서를 국가가 지정한 양식에 의해 체결하게 되어 있다. 그동안 표준계약서가 없었을 때는 약자인 연예인 지망생이 을의 입장에서 갑인 기획사의 계약서에 있는 일방적인 조항을 수용할 수밖에 없었다. 그러나 그러한 문제가 사회적으로 이슈화된 뒤로는 표준계약서에 따라서 계약하는 일이 정착되었는데, 아직도 편법으로 표준계약서로 하되 특별조항을 만들어 기획사가 유리하게 만든 계약서가 있으니, 잘 살피고 계약해야 한다.

수익 배분과 계약 기간을 따져라

연예인이 소속사와 가장 많이 부딪치는 문제를 살펴보자. 첫째 수익 배분의 문제다. 신인 때는 소속사의 비용이 많이 들어간다. 즉 소속사 입장에서는 이를 투자로 본다. 연예인의 입장에서는 자신이 돈을 잘 벌지 못하는 시기에는 문제가 없지만, 시장에서 반응이 있어

[별표1]
대중문화예술인(가수중심) 표준전속계약서

문화체육관광부

문화체육관광부고시
제2024-0021호
(2024. 6. 3. 개정)

[대중문화예술기획업자]　　　　　(이하 '기획업자' 라 한다)[와, 과]
[대중문화예술인]　　　　(본명：　　　)(이하 '가수' 라 한다)은, 는
다음과 같이 전속계약을 체결함에 있어 상호 신의성실로서 이를 이행한다.

제1조 (목적)

이 계약은 '대중문화예술기획업자(이하 "기획업자")'와 '가수'가 서로의 이익과
발전을 위하여 적극적으로 협력하는 것을 전제로, '가수'는 최선의 노력을 통해
자신의 재능과 자질을 발휘하여 자기 발전을 도모함은 물론, 대중문화예술인으
로서 명예와 명성을 소중히 하며, '기획업자'는 '가수'의 재능과 자질이 최대한
발휘될 수 있도록 매니지먼트 서비스를 충실히 이행하고 '가수'의 이익이 극대화
되도록 최선을 다함으로써 상호 이익을 도모함에 그 목적이 있다.

제2조 (매니지먼트 권한의 부여 등)

① '가수'는 '기획업자'에게 제4조에서 정하는 대중문화예술인으로서의 활동(이하
"대중문화예술용역")에 대한 독점적인 매니지먼트 권한을 위임하고, '기획업자'는
이러한 매니지먼트 권한을 위임받아 행사한다. 다만, '가수'가 '기획업자'에게 위
독점적인 매니지먼트 권한의 일부를 위임하는 것에 대하여 유보하기로 양 당사

대중문화예술인(가수중심) 표준전속계약서.
문화체육관광부 홈페이지(www.mcst.go.kr)에서 '대중문화예술인(가수·연기자) 표준
전속계약서'를 검색하면 상세한 내용을 확인할 수 있다.

일거리가 많아지면 이때부터 소속사와 수익 배분의 갈등이 백 프로 일어난다.

그래서 처음에 계약할 때 수익 배분 문제를 신중하고 정확하게 결정할 필요가 있다. 보통 신인일 때는 소속사와 연예인의 배분 비율이 8:2나 7:3 정도가 일반적이다. 앞서 얘기했듯이, 소속사가 투자하는 초기 비용이 많기 때문이다. 물론 처음부터 5:5로 하는 경우도 있긴 하지만 이때의 배분 비율은 일정한 것이 아니고 소속사와 연예인 간의 합의 사항이라 정답은 없다. 물론 분쟁이 일어나지 않으려면 연예인의 인기도에 따라서 소속사와 연예인이 다시 합의를 거쳐 수익 배분을 조절하는 것이 일반적이라고 볼 수가 있다. 또한 방송의 수익 배분 비율과 광고 및 기타 부가 수익의 수익 배분 비율은 다르다고 보면 된다.

둘째로 자주 문제가 되는 부분은 계약 기간이다. 3년, 5년, 7년을 계약 기간으로 하는 경우가 많은데, 신인의 경우, 데뷔를 준비하는 기간을 계약 기간에 포함하는지 여부도 정확히 명시해야 한다. 보통 2년 정도는 준비 기간으로 보기에 소속사의 입장에서는 최소 5년에서 7년 정도가 적당하다고 할 수가 있다.

사실 이 기간에 소속사는 큰 비용을 신인들에게 투자하는 셈이니, 이 점도 연예인들은 생각해 보아야 한다. 어느 날 갑자기 스타가 되면 계약금을 물어주고 스카우트하려는 곳이 늘어나는데, 금전적인 면만 따져서 처음부터 동고동락한 기획사, 특히 소형 기획사를 버리고 대형 기획사를 택하는 것은 잘 생각해 봐야 한다는 것이다. 물론 신인 연예인의 계약금은 얼마 되지 않아서 보통 3배의 위약금을 주고 계약서를 파기해도 별 타격이 없다고 생각할지 모르지만 도의상 바람직하지 않다고 본다. 그리고 이 업계에서는 그러한 인성을 가진 연예인은 오래가지 못한다.

분쟁의 소지는 계약서에 명시할 것

연예인들이 자주 상담하는 문제를 살펴보면, 대형 기획사든 소형 기획사든 자신에게 전념하지 않거나 출연 기회를 주지 않는다고 생각해서, 즉 서로 간에 신뢰가 깨져서 계약을 파기하겠다고 하는 것이다. 물론 소속사에서 스스로 능력이 부족하다고 판단하거나 소속 연예인이 시장에서 가치가 없어서 포기할 때는 서로 합의하에 계약서를 파기하고 위약금 없이 헤어지기도 한다. 하지만 소속사는 계약 해지 의사가 없는데 연예인이 소속사의 불만이 많아 계약 파기를 원할 때는 서로 충돌하게 된다. 이러한 사안은 매우 주관적인 판단이 필요하지만, 이를 대비해 구체적으로 계약서에 명시해 분쟁의 소지를 없애는 것이 현명하다. 예를 들어 2년 안에 출연 기회를 주지 않고 계속 연습생으로 있으면 계약을 해지할 수 있다든지 등등. 자신의 입장을 사전에 정확히 밝히고 계약서에 명시해야 법적인 문제에 휘말리지 않는다.

솔루션 인터뷰

전 연매협부회장,
현 대산F&B
엔터테인먼트
사업부 대표
최진한

이영애, 김현주, 김선아, 김성령, 김정은, 이나영, 김상경, 안재욱, 김재원, 김민정 등
60여 명의 연예인을 관리한 30여 년 경력의 매니저

**표준전속계약서를 꼼꼼히 확인하고,
부속계약서는 더욱 주의해야**

전속 매니지먼트 계약은 소속사가 연예인의 연예 활동 업
무 처리에 관한 서비스를 제공하고, 연예인은 소속사를 통해
서만 연예 활동을 하며 직접 또는 제3자를 통한 연예 활동을
하지 않아야 하는 의무가 있다. 계약의 목적, 당사자들의 지
위, 인지도, 교섭 능력, 수익 분배 방식 등을 잘 검토한 후 결

정해야 한다.

연예인 지망생들이 알아보고 챙겨야 할 것 중에서는, 기획사가 믿을 만한 곳인지 또 과연 소속사로서 검증된 곳인지가 중요한데, 계약하려는 기획사가 관할 지자체에서 발급한 대중문화예술기획업등록증이 있는지 확인이 필요하다.

그다음으로, 계약이 진행된다면 전속계약서가 대중문화예술인(연기자 중심, 가수 중심 두 종류로 구분됨) 표준전속계약서인지 꼭 확인해야 한다.

표준전속계약서는 계약서 표지에 공정거래위원회 로고와 표준약관번호가 있다.

그런데 표준전속계약서 표지가 동일하더라도, 혹시 계약서 내용이 변경되었거나 누락 삭제된 사항이 있는지 꼼꼼히 확인해야 한다. 표준전속계약서의 약관 변경은 원칙적으로 불가하며 소속사가 이를 위반할 때 과태료도 부가된다. 혹시라도 나중에 소속사와 분쟁 발생 시 연예인에게 아주 불리하게 작용할 수 있으니 꼭 명심하고 확인하길 바란다.

혹시 표준전속계약서에서 내용을 변경할 부분이 필요하다거나 구체적인 세부 사항들을 명시해야 할 시에는 부속합의서를 작성하여 추가하면 된다. 부속합의서는 표준전속계약서의 내용과 배치되거나 위반하지 않는 범위 내로 한정하여 작성 가능한 것이기에 이를 잘 살펴야 한다.

기획사와 분쟁이 발생한 사례를 보면 대부분 부속합의서에서 견해 차이가 나중에 문제가 되는 경우가 많기에 더욱 주의해서 작성하기를 바란다.

끝으로 계약서 작성도 중요하지만 소속사와 연예인 당사자들 사이의 신뢰 관계가 훼손되지 않도록 하는 것이 더욱 중요하다고 생각한다.

아무쪼록 연예인 지망생들의 앞날에 무궁한 발전과 성공을 기원한다.

연예인의 수입은 얼마이며
수익 배분은 어떻게 하나요?

연예인 수입의 현실

연예인의 수입은 인지도에 따라서 천차만별이다. 신인은 거의 비슷한 수준의 출연료를 받는 편이지만 스타들은 계약 조건에 따라 다른데, 다만 공식적으로 인정하지 않기에 그 액수는 추정치로만 알려져 있다.

신인 가수들이 방송국에서 받는 출연료는 그들이 방송에 출연하는 데 쓰는 비용, 즉 헤어, 메이크업, 의상, 매니저 비용, 차량 렌트 비용 등을 빼면 마이너스라고 보면 된다. 기획사에서는 아이돌 그룹 하나를 만드는 데 2~3년 동안 약 30억 가까운 투자를 하는데, 만약 가수들이 뜨지 않으면 투자금을 날린다고 보면 된다. 물론 BTS나 블랙핑크처럼 글로벌 스타가 되면 기획사가 몇백억의 수익금을 얻고, 기업 가치도 몇천억에서 몇조 단위로 상승하기도 하지만 흔한 일은 아니다. 이러한 상황이 되었을 때 가수들 또한 개인당 몇백억에서 최소 몇십억 원은 벌 기회를 얻는다. 요즘에는 정상에 위치한 트로트 가수들이 회사 비용을 제외하고도 1년에 몇백억에서 몇천억까지 수익을 올리기도 하는 실정이다.

연기자의 경우는 스타들에게 대부분의 돈이 몰려 있다고 보면 된다. 한류가 전 세계를 강타하고 각종 세계적인 시상식에서 한국 드라마와 영화가 상을 받으면서 스타 연기자의 위상이 높아진 반면, 그 외의 대다수 연기자의 수익은 도리어 감소하는 기이한 현상이 벌어지고 있다. 기존 지상파 방송국, 종편, 케이블에서도 너도나도 드라마 제작에 뛰어들고, 심지어는 넷플릭스, 쿠팡, 디즈니+ 등 글로벌 OTT 플랫폼까지 드라마 제작에 뛰어들다 보니, 한 해에 한국에서 제작되는 드라마가 약 140~150편이 된다고 한다. 이렇게 경쟁이 심한 상황에서 플랫폼에서는 어떤 주연급 배우를 확정했는지를 가장 중요한 조건으로 보게 되었는데, 이는 결국 출연료 상승의 주원인이 되었다.

연예계도 부익부 빈익빈

이제는 대한민국의 드라마 회당 제작비가 10억을 넘었다. 총제작비가 평균 100억 이상이고, 대작이라고 불리면 300억, 최고의 제작비는 약 500억까지 책정된다. 따라서 플랫폼과 제작사 입장에서는 확실한 주연급 스타 배우를 확보하려고 혈안이다. 그러다 보니 2024년 올해 드디어 OTT 플랫폼 드라마에서 회당 5억의 출연료를 받는 스타가 나타났다. 몇 년 전까지만 해도 회당 2억이 최고액이었는데 그 기록이 깨진 것이다.

한편 한국방송연기자노동조합에서 배우 평균 연 소득을 발표한 내용을 보면 2017년 2,301만 원에서 2020년 1,715만 원, 2021년 1,577만 원으로 해마다 감소하고 있다. 고정 배역이 줄고 조연과 단역 배우들의 연기 활동 기간이 점점 짧아지면서 수익이 도리어 줄어드는 기이한 현상이 벌어지고 있는 것이다. 연기자 노동조합에 가입된 배우 5,411명 가운데 지난해 1,000만 원 미만의 소득을 거둔 비율은 84.5퍼센트에 달한다. 5명 중 4명은 한 달 수입이 90만 원에도 미치지 못하는 실정이다.

한류의 성과를 일부 스타 권력이 독식하면서 이처럼 대다수 생활 연기자들이 희생을 당하고 있는 것이 현실이다. 우리나라가 짧은 기간 개발도상국에서 선진국으로 진입하면서 벌어진 부익부 빈익빈 현상이 연예계에도 똑같이 벌어지고 있는 것이다. 제작비가 천문학적으로 늘어나고 편성받기는 점점 힘들어지다 보니, 일부 스타 주인공을 캐스팅하기 위해 대다수 연기자들이 희생당할 수밖에 없는 안타까운 현실이 되어 버렸다.

스타 연기자의 출연료가 2~5억이면 광고료와 팬 사인회 등 기타 부수익의 단가는 더 엄청나다고 보면 된다. 요즘 같은 글로벌 시대에는 최고 A급 연예인의 팬 사인회에 몇십억을 부르기도 한다. 반면 20년 차 배우가 한 해 버는 소득이 3000만 원대다. 독립 영화에서 주연급이고 드라마, 영화, 광고에서 조연과 단역을 한 배우의 수입이 이렇다. 양극화의 단적인 모습을 보여 주는 것이다. 얼굴이 알려진 조연급 이상 배우가 아니면 출연료로 생계를 유지하기가 어려워서 배우 10명 중 9명은 부업이나 아르바이트를 하는 실정이다. 다들 A급 연예인이 되기를 꿈꾸면서, 나는 할 수 있다는 희망을 품은 채, 최저 생활비에도 못 미치는 수익으로 오늘을 살아가는 것이 대다수 일반 연예인들의 삶이라고 보면 된다.

솔루션 인터뷰

알로말로
휴메인 엔터
대표 배성은

김규리, 박해일, 박보영, 조여정, 이준기 등을 거친 30여 년 경력 매니저
영화 「홍길동의 후예」, 「완득이」 공동 제작, 영화 「청설」 제작 중
2018년 APAN Star Awards 베스트 매니저상 수상

업계의 비밀, 회당 출연료

2022년 넷플릭스가 한국 드라마에 엄청난 드라마 회당 제작비를 주면서 한국 드라마의 출연료가 기하급수적으로 올라가기 시작했고, 결국 완전 거품에 휩쓸리고 말았다. 일부 작가, 감독, 연기자의 작품당 개런티로 한국 드라마 제작 현실에 맞지 않는 액수가 통용되고 있는 것이다.

2023년을 기점으로 이러한 거품이 빠지기 시작하였는데,

드라마의 방송국 편수가 급격히 줄어 드라마 시장도 불황의 시기에 들어서게 되었다. 급기야 24년 1월부터는 방송국 등 모든 플랫폼에서 드라마 편수가 거의 반토막 나면서 드라마 시장은 꽁꽁 얼어붙고 말았고, 2022년 거품이 끼었던 출연료가 도리어 출연하는 데 발목을 잡아서 일거리가 사라지는 아주 심각한 상황이 되었다.

현재는 양극화되어 있는 상황이다. 일부 톱스타의 개런티는 그대로 유지되어 톱 연예인은 영향을 받지 않지만, 중간 이하의 연예인들은 심각한 상태에 놓여 있다. 최근까지 입수한 정보로는, 물론 이 부분은 계약서상 비밀 유지 조항이 있어서 조심스러운 부분이고 확실한 문서 증거는 없지만, 업계 소문으로 미루어 볼 때 최고 액수가 회당 5억, 어느 정도 S급 연예인들도 회당 3억이 되는 경우가 많다고 볼 수 있다.

수익 배분도 케이스별로 다양한데, 여기에 어떤 고정된 규정이 있는 것은 아니다. 다만 드라마 업계의 관례로 볼 때 신인은 회사와 연기자가 5:5나 7:3이 일반적이다. 신인일 경우 회사가 수익은 없고 비용이 많이 들기 때문이다. 그리고 점차 지명도가 높아지고 개런티가 올라가면 거꾸로 3(회사):7(연기자)이나 심지어 1:9가 되기도 한다.

지금까지 얘기한 배우 개런티와 수익 배분에 대한 정보는 철저히 보안 사항이기에 일반적으로 업계에서 추측하는 수

준에서 말한 것임을 참고하길 바란다.

국내 배우 출연료 추정치

	광고	영화	드라마(시리즈)	행사, 협찬, 초상권	총매출
SS	12~15억 (연 15편)	15~20억 (연 1편)	회당 8억 X 연평균 12회	30억	371억 평균 300억
S	10~12억 (연 10편)	10~15억	회당 3~5억 X 연평균 16회	20억	235억 평균 200억
A	5~10억 (연 10편)	8~10억	회당 1~3억 X 연평균 16회	15억	173억 평균 150억
B	2~5억 (연 5편)	4~8억	회당 3천~1억 X 연평균 24회	10억	67억 평균 50억
C	8천~2억 (연 5편)	2~4억	회당 1천~3억 X 연평균 24회	5억	26억 평균 25억
D	3천~8천	8천~2억	회당 5백~1천 X 연평균 24회	3억	8억 2천 평균 7억

24

배우 기획사에서는 무엇을
가장 먼저 보나요?

키는 늘리지 못해도 눈빛과 목소리는 가다듬을 수 있다

배우를 뽑을 때 중요하게 보는 것은, 당연한 이야기일지도 모르겠지만 외모다. 남자 배우는 키와 목소리를, 여자 배우는 얼굴과 몸매를 가장 먼저 본다.

그러나 촉이 좋은 제작자들은 좀 다르다. 광산에서 다이아몬드 원석을 잘 찾아 가공했을 때 가치가 있듯이 주인공의 아우라, 즉 후광이나 광채가 보이는 외모의 배우 지망생을 선호한다. 이러한 아우라를 보는 관점은 다분히 주관적이고 제작자마다 다르겠지만, 어느 정도 공통 사항은 있다. 바로 눈빛과 목소리가 좋아야 한다는 점이다.

드라마에서는 클로즈업된 연기자의 눈빛으로 대사 대신 의미를 전달한다. 그래서 배우를 뽑을 때는 보통 카메라 테스트에서 타이트 샷으로 연기자의 눈을 중점적으로 살펴본다. 또 대사를 시청자에게 잘 전달하려면 배우의 오디오도 중요하다. 아나운서와 성우가 그렇듯이 연기자도 작가가 쓴 대본의 대사를 시청자에게 정확하게 전달해야 하기 때문이다. 키와 얼굴은 수술 없이 바꾸기 힘들지만, 눈빛과 목소리는 타고나지는 않아도 후천적인 노력으로 어느 정도까지는 보완 가능하다는 점에서 의미가 있다.

재능이냐 인성이냐

끼와 감각, 즉 연기력도 중요하다. 타고난 끼나 감각이 있어야 연기력이 좋아질 수가 있다. 가수나 운동선수와 마찬가지로 배우도 타고난 재능이 있어야 한다.

또한 배우의 인성도 본다. 연예계뿐만 아니라 다른 분야에서도 기본적으로 인성이 좋지 않은 사람들은 초반에 잘되는 것처럼 보여도 결국 사고를 치고 무너지고 만다. 그래서 인성이 좋지 않은 배우는 처음부터 선발하지 않는 게 원칙이다. 작품 몇 개로 갑자기 스타가 되고 나면 안하무인으로 급변하는 배우가 많은데, 그러면 주변의 좋은 사람들이 다 떠나고, 결국 그 배우는 실패의 길을 걷게 된다는 걸 이 분야 사람들은 너무도 잘 알고 있다.

솔루션 인터뷰

**전 스타게이트 대표
김재엽**

스타게이트 창립자
2012년 키이스트(배용준, 김수현, 김현중), 블러썸(송중기, 박보검) 등
한국 30여 연예기획사 전속 연기자 교육 및 오디션 심사위원
배용준, 이민호, 지성, 소지섭, 송중기 작품 연기 지도

구질(외모), 소질(연기), 기질(끼), 자질(인성)
네 박자가 어우러져야

배우들은 일단 예쁘고 잘생겨야 하지 않나? 뭐니 뭐니 해
도 외모일 수밖에 없다. 가령 소개팅을 할 때 상대를 보자마
자 제일 먼저 느껴지는 것이 무엇이겠는가? 배우 지망생과
신인 연기자들의 관문인 오디션이나 미팅의 자리도 일반 소

개팅과 다를 바 없다고 생각한다. 관계자들도 순간적으로 외모에 눈길이 가야 그다음으로 그들의 연기에 대한 감각적 평가, 혹은 오디션과 현장에서 긴장 없이 자유롭게 방출할 수 있는 끼와 에너지, 대중의 마음을 사로잡을 인간성과 정감 어린 미소 등을 찾아보려 할 것이다.

참고로 배우의 스타성, 즉 브랜드 가치를 평가하는 기준은 오른쪽 표와 같다.

개인적으로는 신인을 준비시키고 메이킹하는 과정에서는 기질을 가장 중요시한다. 이러한 기질은 배우를 넘어 스타급으로 도약하느냐 머무르냐의 관건이 되기 때문이다.

이 자료는 나의 저서 『배우를 배우다』에 기재된 배우 평가 기본 양식이다. 물론 여러 항목의 수치를 종합해 본다고 그 가치 기준이 나오는 건 아니다. 하지만 기본적인 평가를 하는 기준이 없다면 그것은 각자의 관점이나 취향에 따라 선호도가 달라질 것이다.

나는 신인 배우를 양성해 온 긴 시간 속에서, 구질(외모), 소질(연기), 기질(끼), 자질(인성)이라는 네 박자가 어우러져야 한다고 생각한다. 무엇 하나가 부족할 때 기회는 지나가게 되고 배우의 브랜드 등급에서도 적지 않은 격차가 생긴다. 어떤 이들은 배우를 브랜드(상품)화시키는 게 지나치게 상업적이라고 한다. 하지만 엔터테인먼트와 예술의 경계선에서 시류

배우의 브랜드 가치(스타성) 평가 기준

항목	평점	A(5)	B(4)	C(3)	D(2)	F(1)
구질	외모(얼굴)					
	비율(체형)					
	호감도(첫인상)					
	매력(끌림)					
	개성(캐릭터)					
소질	연기력(기본기)					
	특기(재능)					
	감각, 감성, 감정(촉)					
	표현력(몰입도)					
	창의력(4차원)					
기질	에너지(발산)					
	끼(폭주)					
	자신감(열정)					
	차별성(관심도)					
	긴장지수					
자질	인간성(예의)					
	근성(승부욕)					
	대인관계(붙임성)					
	지적수준(영리함)					
	친화력(미소, 인사)					
총점						
평가						

에 대한 직관을 가질 필요가 있다.

신인이라면 누구나 수많은 오디션의 기회가 오기를 갈망한
다. 많은 기회 속에서 언젠가는 안성맞춤의 오디션이 올 거라
믿고 있다. 나의 견해로는, 될 만한 신인은 2~3차례 이상의
오디션을 보지 않고도 전문가들의 눈에 띈다는 것이다. 그것
이 프로의 세계가 아닐까 싶다. 영리하지 못한 배우는 근시안
적이기에 더 이상의 브랜드 상승을 이루어 내지 못하고 하산
의 길을 걷게 된다. 나는 배우로 성장할 모든 요소는 만들어
질 수 있다고 확신한다. 물론 전략과 당사자의 영리함이 없다
면 역시나 허송세월이 될 수도 있다. 나의 대중적 매력과 차
별적 개성이 무엇인지 찾아내고, 무엇을 잘하는지 어떻게 승
부를 낼 것인지 그러한 방향성이 필요한 것이 엔터테인먼트
시장임을 감지해야 할 것이다.

25

연예인과 매니저는 어떤 관계인가요?

연예인과 매니저는 부모 형제의 관계?

연예인과 매니저의 관계를 한마디로 얘기하면 부모나 형제자매의 관계와 비슷하다고 할 수 있다. 매니저가 연예인의 사적인 것까지 체크하고 관리해야 하기에 쉽게 이러한 관계가 형성되는 것이다. 기획사에서 월급쟁이로 연예인의 담당을 맡은 매니저가 아니라, 여기서는 기획사 대표나 실장급 이상의 매니저를 말하는 것이다.

사실 매니저는 연예인의 뒤에서 온갖 어렵고 귀찮으면서 힘든 일을 도맡는 사람들이다. 일인 다역을 해야만 하는 고단하고 힘든 직업이다. 52시간 노동 시간을 지킬 수도 없는 3D 직종인 것이다. 연예인 지망생은 무명이었다가 갑자기 스타가 되어 큰돈을 벌기도 하지만, 매니저는 연예인처럼 한 번에 부자가 되기는 매우 어렵다. 그런데도 매니저는 한 무명 연예인이 스타가 되기까지 뒤에서 묵묵히 일한다. 사실 부모 형제가 아니라면 쉽지 않은 일이다.

지금은 한국 최고의 매니저 중 하나가 된 분이 이 업계에 막 들어섰을 때 겪었던 유명한 일화가 있다. 어느 추운 겨울날 산속에서 드라마 촬영하던 중에 자기가 관리하던 여배우가 생리대를 사 오라고 했다고 한다. 생리대를 사러 산을 내려가다가 그 길로 매니저를 그만둘까 번민했는데, 잘 참고 이겨 내서 지금은 한국 최고의 기획사 사장이 되었다는 것이다.

이와 같이 매니저는 연예인의 공적인 일부터 사적인 일까지 관리하는 이중고를 겪는 직업이다. 운전부터 경호는 물론, 캐스팅과 스케줄 관리도 모두 매니저의 몫이다. 심지어 연예인이 사고를 치면, 거기에 관련된 사람들로부터 받는 비난과 처벌도 매니저가 책임지고 수습해야 한다. 언론에 보도되거나 이미지에 큰 타격이 가해지지 않게 모든 수단을 동원하여 처리해야만 하는 숙명을 갖고 있는 것이다.

갑을이 아니라 공존! 성공은 혼자 이룰 수 없다

간혹 이러한 연예인과 매니저의 관계가 갑과 을의 관계, 주인과 종의 관계로 변질되어서 사회적 문제가 되기도 한다. 얼마 전까지만 해도 우리나라 연예인 기획사는 체계적인 시스템이 없었다. 그래서 어느 스타 연예인이 자신의 매니저를 심부름꾼이나 하인 취급하듯이 대해서 사회적 지탄을 받기도 했다. 반면 기획사 대표급 매니저가 연예인을 돈을 벌어다 주는 상품으로만 보고 함부로 행동하다가 문제가 되는 일도 있다. 지금은 연예인과 매니저의 관계에서 누가 갑이고 누가 을인가, 그러니까 누구에게 더 주도권이 있느냐가 중요한 문제처럼 되어 버렸다.

그러나 이런 갑과 을의 관계는 바람직하지 않다. 오랜 무명 시절 동안 한 매니저와 동고동락하던 연예인이 결국 그 매니저의 노력으로 스타의 반열에 오른 뒤에, 다른 대형 기획사에서 아무리 거액의 이적료와 대우를 제시해도 그와 헤어지지 않고 함께했다는 미담을 들어 본 적 있을 것이다. 그렇게 동업자 관계를 유지하는 것이 바람직하지 않을까 한다.

브라이언 엡스타인은 무명의 비틀스가 리버풀의 클럽에서 노래하는 모습을 본 후 매니저를 자청하여 그들을 세계적인 그룹으로 도약시켰다. 그는 비틀스를 위해서 과중하게 업무를 처리했는데, 그런 헌신적인 노력이 없었다면 지금의 비틀스는 없었을 것이다. 결국 그는 멤버들 간의 분란을 중재하는 등 과다한 업무 스트레스를 받으며 일하다가 돌연 사망하고 말았는데, 그가 사망한 2년 뒤에 좌충우돌하던 비틀스도 해체되었다. 이는 매니저와 연예인이 공존의 관계임을 잘 보여 주는 사례라 할 수 있다.

룰라, 샤크라, 디바 등 수많은 대중가수 발굴, 스타로 발돋움시킨 제작자
한국연예제작자협회 및 한국음반산업협회 이사로 활동
2024년 2월 문화체육관광부 표창 수상

연예인과 매니저는 동업자 관계

흔히들 매니저라 하면 연예인의 스케줄을 동행하고 운전이나 기타 허드렛일을 맡아서 해 주는 사람으로 인식하고 있다. 여러 TV 예능 프로그램이나 드라마, 영화 등에서 보이는 매니저의 이미지 또한 그러하다. 그러나 그것은 훌륭한 매니저로 성장하기 위해 거쳐야 하는 첫 단계일 뿐이다. 처음 회사에 입사하면 업무를 배워 가며 여러 가지 잡일을 하는 것과 마찬

가지다.

그렇다면 진정한 매니저란 어떤 것일까? 궁극적으로 매니저는 연예인의 역량을 더욱더 발휘시키고 업그레이드하기 위해 호흡을 맞추며 한 팀이 되어 움직이는 총괄 기획자이자 감독이다. 이러한 매니저의 역할을 이해한다면 매니저와 아티스트의 관계가 어떠해야 하는지도 쉽게 이해될 것이다.

매니저는 연예인의 노래 혹은 연기 혹은 기타 재능을 발전시키기 위해 체계적인 학습과 기회를 제공해야 하며, 나아가 연예인이 더 나은 위치로 올라가기 위한 전반적인 업무를 수행해야 한다. 구체적으로 이야기하면, 가수 매니저는 좋은 노래를 제작하고 녹음하는 것 등을 비롯하여 각종 방송 프로그램 섭외나 바이럴 마케팅 등 가수의 이름을 알리고 노래를 알리는 모든 업무를 맡아서 해야 한다. 연기자 매니저도 각각 연기자의 개성과 능력을 발휘할 작품을 선별하고, 더 좋은 배역을 따내기 위해 노력한다. 물론 예능인 매니저도 마찬가지다. 더 좋은 작품에 연예인을 출연시키기 위해 항상 노력해야 한다.

연예인과 매니저는 서로 상호 보완적인 존재며, 결코 어느 한 상대방이 다른 상대방의 우위에 서는 존재가 아니다. 한마디로 연예인과 매니저의 관계는 축구나 야구의 선수와 감독처럼 한 팀으로 움직이는 동업자 관계다.

연습생 시절 가장 힘든 점은 무엇인가요?

연습생 시절에 가장 두려운 것은 미래의 불확실성이다. 연습생들은 누구나 화려한 조명 속에서 팬들의 환호와 매스컴의 관심을 받는 미래를 꿈꾼다. 그런 희망을 가슴속에 간직하고 현재의 훈련 과정을 참고 버틴다. 그러나 지금 상황에서는 누구도 자신이 반드시 스타가 될 거라고는 장담해 주지 못한다. 실력도 중요하지만 여러 조건과 운이 따라야 비로소 스타가 되는 것이 현실이다.

대다수 연습생은 최소 3~5년의 연습 기간을 거쳐야 비로소 세상에 존재를 알릴 기회를 얻는다. 기획사에 선발되어 혹독한 트레이닝 과정을 거친 뒤 또다시 데뷔조로 선발되어야 비로소 하나의 그룹에 소속된다. 기획사에 연습생으로 선발되는 것도 엄청난 경쟁인데, 거기서 살아남기 위해 엇비슷한 실력의 연습생들과 또다시 경쟁하는 지난한 과정을 이겨 내야만 한다.

이 시절에는 자기 자신에 대한 확신을 갖기가 어렵다. '내가 과연 이 경쟁자들 속에서 실력을 증명하고 시험에 통과할 수 있을까?'라는 의문이 자연스레 들기 마련이다. 시간이 갈수록 자신에 대한 믿음은 사라지고, 아무리 연습하고 훈련받아도 과연 내 실력이 얼마나 늘었는지 알 길이 없어서 답답하기도 하다. 데뷔하면 방송과 행사 등에서 대중들의 호응으로 자신들의 위치를 알 수가 있다지만, 연습생들에게는 트레이닝 선생님들의 반응만으로 자신들의 실력을 짐작해야 한다.

청소년기에는 다이어트도 곤혹스럽다

한창 식욕이 왕성한 청소년 연습생들에게 또한 고통스러운 점은 먹고 싶을 때 마음껏 먹지 못하는 것이라고 한다. 체중 감량을 위해 식단을 조절해야 하는 운동 종목의 선수들도 이 점이 가장 힘들다고 말한다. 데뷔하기 위해서는 자신의 외모를 최대한 끌어올려야 하니, 탄수화물이나 고기 등 살찌는 음식은 절대 불가하다.

실제로 연습생들은 합숙을 하며 단체 생활을 하는 경우가 많은데, 매일 체중을 재면서 감시를 받기 때문에 몰래 먹을 수도 없다. 또 연습생들이 서로 감시할 수밖에 없는 구조로 되어 있어서 더욱 괴롭다. 이것은 연습생에 국한된 문제가 아니다. 연예인들이 화면이나 사진에서 모습이 잘 나오는 것은 혹독한 다이어트의 결과다. 데뷔 전인 연습생 시절부터 데뷔 후, 그리고 은퇴할 때까지 다이어트에 대한 고민은 늘 연예인을 따라 다닌다.

솔루션 인터뷰   UNIS 방윤하

전 JYP / 전 F&F엔터테인먼트 연습생
8인조 걸그룹 UNIS 멤버
2024년 3월 미니 1집 「WE UNIS」로 데뷔

'난 지금 뭘 하고 있는 거지?'라는 의문이 들 때

아이돌이 되기 위한 첫 관문이라고 한다면 기획사 등의 오디션에서 뽑혀 연습생이 되는 것이다. 그때부터 진정한 프로가 되기 위해 뼈를 깎는 고통의 연습 기간을 거쳐야 한다. 주변에 보면 연습생 기간은 다르지만, 나와 같이 '아이돌'이라는 같은 꿈을 향해 달려가는 연습생들이 무척 많다. 그 수많은 연습생 사이에서 치열한 경쟁과 끊임없는 평가가 이뤄지기 때문에 연습생 시절은 그 어느 때보다 힘든 시기다.

무엇보다 나에게 힘든 점은 나 자신과의 싸움이었다. 연습생은 '데뷔'라는 목표를 향해 매일 연습실에 나와서 연습을 한다. '데뷔'는 말 그대로 꿈을 이루기 위한 중요한 순간이기에 그 시간만을 위해 매 순간 최선을 다해 실력을 갈고닦아야 한다. 하지만 '데뷔'라는 것이 날짜가 정해져 있지는 않다. 그래서 내가 언제 데뷔할지 모르는 상황에서 나도 모르게 몸과 마음이 해이해지고 지치는 날이 올 때가 있다. 학교 수업이 끝나고 연습실에 가서 밤늦게까지 춤과 노래를 연습한 후 지친 몸으로 집에 가고, 또다시 일어나서 학교-연습실-집 이런 일상이 매일 반복되다 보니 내가 너무 하고 싶고 좋아하는 일임에도 나약해질 때가 있다. 가끔은 '지금 난 뭘 하는 거지?' '이렇게 하는 게 맞는 건가?'라는 의문이 들면서 스스로 질문을 할 때가 많아진다. 또 어느 때는 나보다 잘하는 친구들을 보면서 자괴감에 빠지기도 한다. 내가 연습생인 것을 아는 주변 사람들이 "언제 데뷔하냐?"고 물을 때마다 '친구들은 데뷔하는데 나만 연습생 생활이 길어지면 어떡하지?' '과연 내가 여기서 살아남을 수 있을까?' 하고 압박감이나 불확실한 미래에 불안감이 커지기도 한다.

하지만 내 꿈이 너무 확고했기에 그럴 때마다 마음을 다잡았다. 나약한 생각들과 싸워 이겨야 최종 목표인 '데뷔'에 도달할 수 있다고 생각해서, 아무리 지치고 힘들어도 포기하면 안 된다는 마음으로 그 누구보다 열심히 했다. 그 원동력에는 나의 사랑하는 가족이 있었다. 힘들 때 옆에서 응원해 주며 아낌없는 지원해 준 가족을 생각하니 더 열심히 하게 되고 잘 이겨 낼 수 있었던 거 같다.

대부분의 연습생이 나와 같은 고민을 할 거라고 생각한다. 먹는 것을 좋아하는 한 연습생 친구는 식단 관리하면서 매주 체중계 올라서는 일이 그렇게 힘들다 한다. 또 어떤 친구는 춤, 노래 월말 평가 시간이 학교 시험보다도 떨린다고 한다. 나이가 어려 경험이 부족한 나에게 아이돌이 되는 과정은 절대 쉽지 않았지만, 이런 제각각의 어려움을 극복하고 마침내 '데뷔'를 해 보니 더 큰 보람을 느낄 수 있었다.

27

연예인의 SNS는 어떻게 다뤄야 하나요?

연예인은 일반인과 파급력이 다르다

인기가 많든 적든 연예인이 되면 공인의 신분으로 바뀐다. 특히 우리나라에서는 도덕적 책임이 막중하게 부과되어 모든 일에 행동을 조심해야 한다. 예를 들어 음주 운전이나 가벼운 사고로 경찰서에 가서 조사를 받을 때 일반인은 언론에 기사화되지 않고 벌금이나 재판을 받으면 되지만, 연예인은 경찰서에 있는 사회부 기자에 노출되어 세상에 알려지기 쉽다. 자신의 억울한 사연은 상관없이 공인으로서 무조건 책임을 져야 하는 상황이 되는 것이다. 보통 기사화되어 나가서 사회적으로 논란이 되면, 출연하는 방송, 광고 등이 일시 정지될 위험이 크니, 그만큼 연예인은 자기 관리를 철저히 해야 하는 직업이기도 하다.

물론 연예인도 사람이기 때문에 자신의 의견을 표현할 수 있다. 그러나 이럴 때는 대단히 신중해야 하고 정치적으로도 중립적인 발언을 하는 게 좋다. 특히 요즘에는 SNS에 자신의 견해를 말하다가 대중으로부터 비난을 받는 경우가 많다. 정치, 종교, 군대 등 사회적으로 민감하고 편이 갈릴 위험이 있는 이슈에서는 자신의 의견을 주장하지 않는 것이 불화를 막는 길이다. 일반인들이야 SNS에 올려도 한 개인의 의견으로 받아들여질 뿐이지만, 연예인은 그 사회적 파급력이 확연히 다르기에 신중해야 한다.

정치, 종교 문제는 특히 신중해야

정치인들은 자신의 의정 활동이나 정치적 의사를 표현하는 데 SNS를 도구로 사용한다. 그러나 연예인은 정치인과는 근본적으로 입장이 다르기 때문에 조심히 활용해야 한다.

실제로 선거 때 한쪽 진영에 편을 드는 발언을 SNS에 올려서 사회적 물의를 일으키는 연예인들이 간혹 있다. 기획사와 상의 없이 자신의 의견을 올리다가 연예인 생활에 큰 위기를 맞는 것이다. 정치적 소신 표현은 자유지만, 한쪽 편을 들면 다른 쪽은 적이 된다는 사실은 알아야 한다. 연예인은 대중의 인기로 먹고사는 직업인데, 일부러 나서서 안티 세력을 만들 필요는 없다. 그래서 정치나 종교처럼 예민하고 편 가르기 좋은 문제에 대한 발언은 하지 않는 것이다. 자신을 적극적으로 좋아하는 팬들조차도 정치적·종교적 입장이 다르면 바로 돌아선다. 이는 팬들로 먹고사는 연예인으로서 커다란 손실이 아닐 수 없다.

양날의 검 SNS, 소속사에서 관리하는 것이 차라리 낫다

연예인들의 SNS 계정은 기획사의 홍보 담당자가 관리하고 대응하는 것이 올바른 방향이다. 팬들의 요구 사항, 관심도가 높은 민감한 이슈, 정치적인 견해가 미묘하게 교차하는 지점들이 많아서 설익은 판단으로 글을 올렸다가는 난처한 상황에 빠질 수 있다.

특히 애인 관계가 드러나면 스캔들로 이어질 수 있으니 그동안 같이 찍었던 사진과 동영상 등은 삭제하거나 다른 조치를 취해야 한다. 심지어 친한 친구와의 사진도 악용된다. 결혼할 사이가 아닌 애인 관계는 연예부 기자들이 가장 좋아하는 아이템이다. 만약 SNS에 애인 사진이 노출되면, 인기에 큰 타격을 받는다. 팬들에게는 내가 좋아하는 연예인이 나만의 애인이 되어야 한다는 묘한 심리 상태 같은 것이 있어서, 애인이 있다는 사실을 안 순간 바로 이탈할 수 있다. SNS는 잘 사용하면 묘약이 되고, 잘못 사용하면 독약이 된다는 것을 명심하자.

y

w

솔루션 인터뷰

**FNC
언론홍보본부 이사
김용습**

전 스포츠 서울 연예부 기자 출신
30여 년 경력의 홍보 전문가

실제 기획사에서 하는 연예인 SNS 가이드라인

사회관계망서비스인 SNS(트위터, 페이스북, 인스타그램)가 보
편적인 요즘, 말과 글의 경계가 점차 사라지고 있다. SNS에
게재된 글, 사진, 영상 등은 사고(思考)와 성찰의 과정이 설익
은 채로 나올 가능성이 있다. 특히 SNS를 통한 콘텐츠는 쉽게
유통되고, 한번 게재된 후에는 다시 되돌릴 수 없다.

연예인에게 SNS는 '양날의 칼'과 같으며, 사적인 공간인 동시에 공개적인 영역이기도 하다. 팬들과 일상의 자연스러운 소통을 통한 교감의 창구로 잘 활용되는가 하면, 간혹 잘못된 말과 글 혹은 사소한 실수로 인해 거센 사회적 비난에 직면할 때도 있기 때문이다.

이러한 이유들로 대다수 기획사는 소속 연예인의 개인 SNS 계정에 각별한 주의를 기울이고 있다. 연예인이 운영하는 SNS 계정을 모니터링하고, 혹시 문제가 될 만한 발언이나 사진, 영상 등에서 오해의 소지가 있을 법한 내용에 대해 사전 차단 및 수정을 요구하기도 한다. 연예인과 소속사가 계정을 공유하며 함께 운영하는 경우도 더러 있다.

연예인의 SNS는 근본적으로 사적인 영역이기에 소속사가 미주알고주알 캐듯이 관리하는 것은 바람직하지 않다. 하지만, 공개적인 영역으로서 몇 가지 주의해야 할 점이 있기에 나름의 가이드라인을 정해 놓고 있다.

우선 정치적 소신 발언은 가급적 피한다. 그리고 특정 팬의 글에 대해서 답을 하거나 언급하지 않는다. 팔로우(Follow)는 항상 주의해야 하며, 부정적인 이슈가 있는 인물이나 일반인 계정은 팔로잉하지 않는 게 원칙이다.

특히 SNS에 올리는 사진이나 영상물 등은 주의 깊게 체크해야 한다. 일반인 얼굴이 노출될 때 모자이크 처리는 필수다. 담배, 술병, 욱일기와 하켄크로이츠 문양 등은 노출되지 않도록 조심하며, 영상에서는 욕설 등 비속어 사운드를 꼭 체크한다.

이 밖에도 게임, 음원 사이트 등 불법 프로그램 노출 금지, 비공개 스케줄 관련 게시물 사전 확인, 다른 연예인 관련 게시물이나 럽스타그램 업로드 등을 유심히 살핀다.

4부

방송국으로 가는 길

기획사에서 선정한 학원에서, 혹은
개인 레슨을 아무리 체계적으로
교육받아도 현장에 오면 백지상태가
되기 쉽다. 따라서 방송국에서 실전
경험을 하는 게 가장 좋은 훈련이자
실력을 향상하는 최고의 길이다.
그러나 현실적으로 이러한 기회를
얻기는 무척 어렵다. 이 부에서는
방송국에서 수십 년을 일한 전문가들이
현장 이야기를 들려주며
실전에서 쓰는 현장 용어부터
캐스팅 주안점까지 알려 준다.

예능 캐스팅은 어떻게 진행되나요?

영향력 있는 메인을 발굴하고, 새로운 얼굴을 찾는다

예능 프로그램에서 고정 패널은 프로그램이 기획될 때부터 그 성격에 맞는 연예인으로 구성하게 된다. 그중에서도 가장 중요한 것은 전체를 이끌어 가는 연예인이다. 이를 보통 메인 MC라고 하는데, 우리나라에서 몇 되지 않는다. 프로그램 성공 여부는 이런 초A급 진행자의 캐스팅 여부에 달려 있다고 봐도 과언이 아니기에, 모든 방송국과 제작사가 목숨을 건다. 과거에는 지상파 3사의 주요 시간대에 이런 초A급 MC 섭외 전쟁이었는데, 요즘은 종편, 케이블, 각종 국내외

223

OTT 플랫폼 등도 캐스팅 전쟁에 끼어드는 바람에 더더욱 힘든 상황이 됐다.

메인 MC가 정해지고 나면 나머지 고정 MC 캐스팅은 수월해진다. 프로그램 기획에 따라, 웃기는 역할을 하는 캐릭터의 연예인, 허당 역할을 하는 연예인, 잘생긴 비주얼의 연예인 등 성격에 맞게 작가와 PD들이 캐스팅 후보자를 놓고 선정한다. 시청자들은 보통 기존 예능 프로그램에서 보지 않았던 새롭고 신선한 인물을 찾는다. 즉 의외의 인물을 섭외하면 프로그램이 신선해 보이는 효과가 있다. 그래서 주로 드라마 주인공 중에서 예능에 적합할 것 같은 인물을 찾기도 한다. 새로운 인물을 발견하고 섭외하는 시도는 작품을 기획할 때부터 매우 중요하다.

기획 의도에 맞는 메인 MC와 새로운 인물을 찾아서 후보자를 선정하면, 방송국 최종 결정권자인 사장님에게 승인을 받아야 한다. 특히 프로그램의 운명을 좌우하는 메인 MC 선정은 사장님의 승인이 나지 않으면 결코 편성이 쉽지 않다. 그래서 평소에 PD는 메인 MC를 데리고 있는 대형 소속사와 긴밀한 소통 채널을 유지한다. 그렇지 않으면 수많은 플랫폼이 난무하는 현실에서 섭외는 하늘의 별 따기와도 같다. 드라마와 달리, 예능에서는 초A급 연예인이 섭외되면 그를 놓고 프로그램을 새롭게 기획하기도 한다.

특별 게스트로 변화를 모색하기

편성 후 정규 프로그램으로 방송되면 매주 특별 캐스팅을 하게 된다. 이러한 특별 게스트는 장작불에 기름을 부어 더욱 활활 타게 만드는 역할을 한다고 보면 된다. 고정 출연자만 데리고 프로그램을 하면 시간이 지나면서 타성에 젖고 시청자에게도 식상해 보일 수 있다. 프로그램이 런칭되고 고정 출연자들의 캐릭터가 어느 정도 완성되고 나면 그때부터는 특별 게스트를 캐스팅하여 변화를 모색해야 한다. 이러한 특별 게스트로는 당시 화제가 되는 배우, 가수, 스포츠 스타 등 시기적절한 인물을 찾아서 섭외한다. 특히 타 방송에 나가기 전에 먼저 섭외하여 출연시키는 것이 중요하다. 그래서 작가나 PD들은 매주 화제가 되는 뉴스 등을 주의 깊게 본다.

요즘에는 기사가 나온 뒤에 섭외하려면 이미 스케줄이 꽉 차 있는 경우가 많다. 그래서 화제가 되기 전이나 화제가 된 즉시 캐스팅해서 먼저 독점하는 것이 중요한 능력이 된다. 메인 PD급 정도 되는 사람들은 많은 정보력과 친화력으로 항상 촉각을 세워 놓고 있어야 한다. 예능에서는 캐스팅 능력에 따라 PD의 능력을 판단한다고 해도 과언이 아니다.

의외의 신인이나 일반인 등은 주로 작가들이 인터넷 뉴스를 검색하다가 발견하는 경우가 많다. 방송에 출연하려면 일정한 검증 과정도 필요한데, 기사화된 인물들은 일단 검증을 거쳤다는 인식이 있어서 새로운 인물을 발굴하는 창구로 활용하는 것이다. 한편 대형 기획사는 이런 상황을 활용하기도 한다. 소속된 유망한 신인들을 특집 기사화하여 마케팅한 뒤, 역으로 방송에 캐스팅되는 전략을 취하는 것이다.

솔루션 인터뷰

SBS PD 이환진

「런닝맨」, 「라우드」, 「유니버스 티켓」 연출

'극과 극' 캐릭터를 구축하는 캐스팅

캐스팅 방법은 아마 PD의 수만큼 다양할 것이다. 그러나 그 많은 방법의 근간이 되는 판단 기준은 제작진마다 대동소이하다. 가장 큰 기준은 '프로그램에 어떤 도움이 될 수 있는가?'다. 그리고 그 '도움'이라는 것에 대한 판단에 따라 캐스팅 후보군 리스트를 작성한다.

예를 들어 방송사 PD가 프로그램을 기획했을 때, PD의 가장 큰 목표는 단연코 시청률이기 때문에 시청률에 가장 도움이 되는 연예인들을 후보로 올린다. 그러나 매체가 다르고 목적이 시청률이 아닌 사업성이라면, PD는 그에 맞는 연예인들을 우선 섭외한다. 대표적인 예로「미운 우리 새끼」나「동상이몽」같은 관찰 프로그램의 경우, 인물에 대한 호기심이 프로그램에 대한 호기심으로 직결되므로 가장 핫하고 유명한 연예인들을 섭외하는 데 큰 공을 들여야 한다. 반면,「골목식당」,「맛남의 광장」같은 사업성이 가미된 솔루션 프로그램의 경우, 단순한 인기나 인지도보다는 전문성이 담보된 가장 적합한 인물을 찾는 것이 섭외의 출발점이 될 것이다. 물론 그 전문가가 백종원같이 후에 인지도와 명성을 얻어 다른 관찰, 혹은 버라이어티 프로그램의 섭외 1순위가 될 수도 있다.

덧붙여, 지상파 PD로서 시청률에 도움이 되는 캐스팅에 대한 나만의 기준은 '극과 극'으로 정리할 수 있다. 어중간한 캐릭터는 현장에서도 편집실에서도 늘 고민거리다. 예를 들어「런닝맨」에서는, 게임을 월등히 잘하는 '능력자' 김종국이나 게임을 너무 못하는 '임팔라' 지석진 같은 캐릭터가 공존하고, 늘 운이 넘치는 '금손' 송지효와 불운의 아이콘 '꽝손' 이광수 같은 캐릭터가 대비되면서 현장에서도 화면 속에서도 확실한 웃음을 준다. 이런 캐릭터들의 조합은 새로운 기획이나 구성의 전초가 될 정도로 힘이 막강하다. 게스트 섭외 역시 마찬가지인데, 예를 들어 '요리'라는 콘셉트로 구성을 짤 때, 요리를 정말 잘하거나 정말 못하는 연예인들에게 흥미가 생기고, 그 흥미는 그대로 섭외로 이어진다. 즉 '극과 극'을 통해 캐릭터 구축이 가능한 인물들이 섭외 리스트의 첫 번째 후보가 될 것이다.

29

방송국 전문 용어에는 무엇이 있나요?

직책과 호칭부터 정리하자

방송국이나 촬영 현장에서 스태프들을 어떻게 불러야 할지 처음에는 난감할 수밖에 없다. 이는 드라마, 예능, 교양의 분야마다 약간씩 다른데, 호칭부터 먼저 정리해 보자.

방송국은 사장이 있고, 그다음으로 드라마 본부장, 예능 본부장, 교양 본부장 등이 있다. 그리고 그 아래로 드라마 국장, 예능 국장, 교양 국장이 있는데, 이 분야에서 20년 이상은 되어야 그런 직책을 갖는다. 국장 바로 다음이 CP고, 각 CP는 프로그램 책임자인 PD를

2~4명 정도 거느리고 있다. 즉 CP(책임 프로듀서)는 2~4개의 프로그램을 책임지고 있다고 보면 되는데, 보통 대략 40대 중후반에 임명된다.

PD 바로 아래가 AD 조연출이다. 방송국 입사 후 조연출 생활을 드라마는 7~8년, 예능은 5년, 교양은 3년 정도 하면 자기 이름을 걸고 연출하는 PD로 입봉하게 된다. 그리고 계약직 형식으로 FD가 있는데, 조연출의 보조 연출이라고 보면 된다. 드라마의 경우 보통 PD님이라고 부르지 않고 영화와 마찬가지로 감독님이라고 부르는 게 일반적이다. 즉 방송국의 서열 계통을 다시 정리해 보면, 사장, 본부장, 국장, CP(책임 프로듀서), PD, AD(조감독/조연출), FD 순이다.

그 외에 나머지 스태프들을 호칭할 때는 무조건 감독님으로 높여서 부르면 된다. 예를 들어 카메라 감독님, 조명 감독님, 소품 감독님, 음향 감독님, 편집 감독님, 의상 감독님 등이 있다. 혼란스러운 현장에서 일단 '감독님' 호칭으로 높여 부르면 실수가 없다.

카메라 샷 용어

방송에서 가장 중요한 것 중 하나는 카메라 샷이다. 특히 드라마에서는 연기자가 필수적으로 카메라의 샷 용어를 알아야 정확한 연기를 할 수가 있다.

먼저, F.S, W.S, B.S, C.U에 대해서 살펴보자.

- **F.S(Full Shot)**: 풀 샷. 인물로 얘기하면 전신 샷이라고 보면 된다. 발끝에서 머리끝까지 나오는 모습을 말한다. F.S로 드라마를 찍는다고 하면 연기자의 모든 모습이 화면에 담기니 모든 걸 집중해서 연기해야 한다.

- **W.S(Waist Shot)**: 웨이스트 샷. 인물로 말하자면 허리 부분까지 화면에 담긴다고 보면 된다. 허리 밑 다리 부분은 거의 화면에 나오지 않는다.

- **B.S(Bust Shot)**: 바스트 샷. 인물로 말하자면 가슴 부분까지 화면에 담긴다고 보면 된다. 그 아래는 거의 화면에 나오지 않는다.

- **C.U(Close-Up)**: 클로즈업. 인물로 말하자면 얼굴 부분만 화면에 담기는 샷이다.

이 4가지 카메라 샷이 가장 기본이고, 그 각각의 샷 사이즈를 정확히 아는 것이 중요하다.

카메라 종류는 크게 ENG 카메라와 스튜디오 카메라로 나뉘는데, ENG 촬영을 한다고 하면 보통 야외 촬영이라 생각하면 된다. 인서트(Insert) 촬영은 필요한 부분만 촬영하는 것을 말한다.

그 외 자주 쓰는 용어

큐시트(Cue sheet)는 드라마, 예능, 교양에서 방송 녹화나 생방송

할 때 진행 순서를 적어 놓은 간략한 페이퍼다. 이 큐시트에는 모든 순서와 스태프들이 준비해야 하는 것들이 다 적혀 있다.

음악, 음향 분야에서는 와이어리스 마이크와 핸드마이크가 일반적으로 쓰이는 용어다. 그 외 음악 방송에서 자주 쓰는 용어를 살펴보면 다음과 같다.

- **AR**(All Recorded): 가수가 노래를 부를 때 미리 목소리까지 녹음 및 믹싱되어서 입 모양만 내면 되는 것으로, 보통 댄싱가수들이 춤추면서 노래를 부르기 힘들 때 이 방법을 택한다.

- **MR**(Music Recorded): 가수가 노래를 부를 때 목소리 부분만 빼고 모든 음악적 요소가 다 되어 있는 것을 말한다. 반주가 다 준비되어 있어 가수는 목소리만 내면 된다.

- **드라이 리허설**: 카메라 없이 감독이나 PD와 함께 동선 체크 등 중요 사항을 점검하는 것을 드라이 리허설이라고 한다.

- **카메라 리허설**: 드라이 리허설이 끝나면 카메라 감독이 카메라를 잡고 실제 방송처럼 연습하는 것을 카메라 리허설이라고 한다.

솔루션 인터뷰

SBS A&T
기술영상본부장
김재원

방송 경력 30여 년 차

실전 방송 전문 용어!
이 정도는 알아야 현장 상황을 빨리 이해한다!

수 세기 동안 우리는 영상미디어 세상의 중심에서 다이내믹한 창작 콘텐츠를 즐기며 살고 있다.

새로운 물건을 접하든 새로운 장소에 가든, 우리가 거기에 잘 적응하기 위해서는 설명서를 보거나 관련 정보를 습득해야 시행착오 없이 현실에 맞게 다룰 기회를 얻는다.

이런 관점에서, 방송 미디어에 관심 있는 사람들은 콘텐츠 제작 현장에서 대체 무엇을 하고 있고, 어떤 일이 일어나고 있는지에 대해 호기심이 많을 것이다. 그 궁금증을 풀어 주고 있는 이 책에 토핑을 얹듯이 풍미를 더해 줄 몇 가지 생생한 방송 전문 용어를 소개해 이해를 돕고자 한다.

30여 년 넘게 영상 제작을 해 오면서, 한 신입 후배가 선배들에게 하소연하는 듯한 대화를 종종 엿들을 때가 있다. "아니! 왜 저걸 니쥬라고 해요? 다른 전문 용어 없어요? 그리고 바레 난다고 뒤로 빠지라는데, 그게 무슨 말인지……." 이런 게 현실이다. 아무래도 도제식 시스템에서 보다 효과적으로 업무 스킬이 전해지다 보니 전문 용어 또한 그렇게 전달되고 쓰이는 상황이다. 직관적인 영어 표현이 많이 대체되어 쓰이기도 하지만, 아직도 적절한 한국어를 찾기 힘들거나 입에 붙지 않는 용어들은 사장되는 측면이 있다. 그들만의 작은 부분을 쉽고 편하게 설명하면서도 디테일을 살리기 위해 즐겨 쓰는 것이 바로 전문 용어라고 할 수 있다.

이런 전문 용어에는 일본 문화의 영향을 받은 흔적들이 많다. 미디어 업계의 은어로 남아 있는 일본말이 아직도 방송 현장에서 중요 용어로 쓰이고 있는 게 현실이다. 니쥬, 시바이, 오도시, 야마, 데모찌, 하레 등 도대체 무슨 말인지 궁금하고, 동료들에게 살짝 물어봐 의미를 파악했던 말들. 방송국에서는 너무나 일상적인 용어지만, 언젠가는 바뀌어야만 하는 일본말의 잔재이기도 하다.

촬영이나 방송 기술 등 제작 전반에 쓰이는 용어들은 우리나라가 방송 산업을 주도하거나 기술을 선점하지 않는 한, 선도해 온 나라의 용어들이 많이 쓰일 수밖에 없다. 그래서 일본어 또는 영어 문화권에서 생성된 말이 주류가 되는 것이다.

각종 업계에서 쓰이는 은어들에는 그들만의 문화가 존재한다. 그 안에서 서로 커뮤니케이션하며 각각의 역할을 하고 결과물을 만들어 낸다. 이때 커뮤니케이션은 서로 유대감을 형성하여, 보이는 것 이상의 분위기와 팀 파워를 만들어 내기도 한다. 그들만의 느낌과 뉘앙스를 빨리 캐치하고 전달하여 소통하는 데 부족함이 없다.

비로소 업계에 들어오면 알게 되는, 그리고 미리 알아 두면 쓸모 있는 용어들을 여기서 소개해 보겠다.

| 1. 데모찌: 손으로 듦, 들고 찍는 것 |

최근에는 핸드헬드(Hand-held)라는 표현이 더 많이 쓰이는 추세다. 보통 카메라를 삼각대에 올려놓고 촬영하여 흔들림을 예방하지만, 기동성과 자연스러운 흔들림의 목적성을 가지고 이런 영상 표현을 많이 사용한다.

2. 시바이: 연기, 연극

보통 드라마나 예능에서 한 씬을 구성할 때 상황을 보여 주는 연기나 연극을 말한다. 글로 비유하자면 하나의 문장 정도의 표현과 분량이라고 이해하면 될 것이다.

3. 바레/바레 시키다/바레 나다 등

영상 구성을 할 때 필요한 피사체를 제외한 다른 것들이 영상 이미지 안에 들어와서 방해가 되거나 불필요한 피사체가 있으면 '바레 난다' 등으로 표현한다.

4. 하레: 해가 난 날씨, 맑음, 렌즈에 비친 태양, 빛, 조명

카메라 렌즈에 들어와 산란된 빛이 영상을 흐리게 하거나 눈에 거슬릴 때가 있다. 최근 드라마나 영화에서 종종 사용되는 기법의 하나로 일부러 빛을 렌즈 안에 들어오게 하여 느낌 있는 분위기를 연출하고자 하는 데 쓰이기도 한다.

5. 데마이: 앞

보통 카메라로 영상을 찍을 때 영상의 심도를 조절하여 앞에 사물이나 사람을 배치해 영상 이미지의 적절한 조화를 이루게 하는 데 쓰인다.

6. 구다리: 문장, 문절, 구성상 한 부분, 코너

위에서 언급한 시바이와 비슷한 개념이지만 이것보다 조금 더 문장의 개념에 가깝다. 구다리, 시바이를 혼용하여 쓰기도 한다.

7. 야마: 절정

핵심이 되는 포인트, 영상, 구조, 논조, 생각 등 모든 것의 중심에 있는 어떤 것을 말할 때 쓰인다. 신문, 방송 모든 미디어에서 은어로 자리 잡은 개념이다.

8. 니쥬: 받침대, 사각형의 일정 규격이 있는 나무 받침대

뭐라 표현하기에는 광범위한 일정 규격의 나무 받침대를 조금 더 구체적으로 '니쥬'라고 통칭하는데, 현장감 있고 구체적인 용어이기에 쉽게 버리지 못하고 있다.

9. 빠라(parallel): 평행, 동시 백업 녹화

영어보다는 '빠라'라는 일본어가 더 익숙하고 편하여 아직 남아 있는 듯하다. 최근의 디지털 시대에 데이터 처리와 보관을 위한 기본적인 시스템 중 하나인데, 말 그대로 동시에 녹화하는 듀얼(dual) 보조 녹화라고 생각하면 된다.

| 10. 나래비(나라비): 늘어선 모양, 줄, 줄 세우기 |

물건이나 사람이 나란히 쭉 서는 모양을 말하는데, 보통 출연자나 연기자의 동선을 줄 세울 때 많이 쓰이는 용어다. '나나미'는 잘못된 표현이다.

더 많은 표현과 전문 용어들이 있지만, 여기서는 방송 녹화 현장에서 쉽게 접할 수 있고, 그 뜻을 알아야 상황을 파악할 수 있는 용어들을 간단하게 정리해 보았다.

우리 방송 콘텐츠 산업의 규모와 영향력에 비례하여 이른 시일 안에 우리만의 용어나 전 세계에서 통용되는 전문 용어가 정립되기를 기대하며, 한국 방송영상 콘텐츠 산업의 미래를 이끌어 갈 청년들에게 응원과 격려를 보낸다.

30

촬영 현장에서 가장 중요한 점은 무엇인가요?

잘못된 결정이 촬영장을 엉망으로 만든다

촬영 현장은 말 그대로 전쟁터와도 같다. 보통 프로그램이 한 편 방송되기까지는 4주간의 준비 기간이 있다. 첫째 주는 아이템을 선정하고 주제를 발전시키는 한 주로 보면 된다. 둘째 주는 방송될 아이템을 위한 구체적인 아이디어와 섭외, 캐스팅, 헌팅 등 제반적인 준비를 하는 주다. 셋째 주는 실제로 촬영하는 한 주인데, 리허설, 최종 게스트 섭외 및 큐시트, 대본 작업과 촬영이 이때 이루어진다. 마지막 넷째 주에는 촬영된 소스를 가편집하고 음악 작업 등을 거쳐 방

SBS 예능 「골 때리는 그녀들」 야외 촬영 현장

송용 본편집을 한 뒤에 광고 등을 붙이는 작업을 끝내고 송출실에 입고시키면 한 편의 방송이 완성된다.

　그러나 방송 일은 아무리 철저히 준비를 한다고 해도 의외의 변수가 발생하기 마련이다. 그런 변수를 대비한 준비 자체가 사전에 되어 있지 않으면 촬영 현장은 그야말로 지옥처럼 혼란스럽게 변한다. 변화무쌍한 현장을 진행할 때 메인 PD는 현장 최고의 책임자로서 가장 중요한 역할을 하는 사람이다. 마치 오케스트라의 지휘자와도 같다. 잘 훈련된 오케스트라는 지휘자의 지휘봉에 따라 마치 한 사람이 연주하는 것처럼 일사불란하게 음악을 연주하여 아름다운 소리를 연출하지 않는가. 마찬가지로 현장에 있는 책임 PD의 결정이 수십 명에서 수백 명까지 현장 스태프 각자의 영역에 엄청난 영향을 미친다. 전쟁터에서 장군 한 명이 오판하여 잘못된 결정을 내리면 수많은 부대원이 안타까운 희생을 당하는데, 그런 일을 만들어서는 절대 안 된다.

중요한 건 현장 적응력, 플랜 C까지 세우자

　책임 PD가 꼭 갖춰야 할 소양은 현장 적응력이다. 아무리 직접 사전에 헌팅을 갔다 왔고 작가들과 대본으로 시뮬레이션을 했다고 하더라도, 인위적인 방해뿐 아니라 자연재해 등 불가항력적인 사태가 흔하디흔하게 발생한다. 심지어는 출연자들에게 문제가 생겨 촬영이 불가능해지는 사태가 발생해도, 이에 대처하지 못하고 녹화를 접고 방송국으로 돌아오는 일은 거의 없고, 있을 수도 없다. 만약에 도중에 멈추고 올 경우 막대한 금전적 손해도 감수해야 하고, 다른 날 촬영하려면 모든 스태프와 연기자의 스케줄 등을 조율해야 하는 매우 복잡한 사태가 발생하기 때문이다.

영화나 광고 촬영 등에서는 시간을 조율할 수가 있지만, 방송은 매주 무조건 방송해야 하므로 무슨 수를 써서라도 만들어야 한다. 그렇지 않으면 불방의 사태가 발생하게 되는데, 이러한 일은 방송하는 사람들에게는 치명적인 사건이라 그 자신에게도 큰 오점을 남기고 스스로 책임도 져야 한다.

그래서 현장 책임 PD는 플랜 A가 잘되지 않았을 때를 대비하여 플랜 B와 C까지도 준비해 대처한다. 경험 있는 연출자일수록 수많은 일을 이미 겪어서 잘 대응하지만, 경험 없는 연출자들은 이러한 상황이 벌어지면 매우 당황하기 쉬우니, 평소 이러한 사태에 대한 시뮬레이션을 돌려 보면서 준비해야 하겠다. 결국, 현장에서는 임기응변적인 대응력이 가장 중요하다고 할 수 있다.

솔루션 인터뷰

KBS PD
윤고운

「해피투게더 3」, 「나를 돌아봐」, 「정.신 이슈」, 「WE K-POP」 연출

제작진과 출연자의 소통이 중요하다

우선 PD들은 촬영을 앞두고 각 스태프가 파트별로 잘 준비하고 있는지, 각자 할 일을 놓치는 것이 있는지를 살펴본다. 예를 들어 오디오에 문제가 생기지는 않았는지, 카메라 포지셔닝은 맞게 배치되었는지, 소품은 잘 준비되었는지 등을 체크한다. 하지만 많은 PD들이 중요하게 생각하는 것은 가장 전방에 나서서 결과물을 만들어 줘야 할 플레이어들의 컨디

션, 즉 출연자들의 상태, 아티스트들의 상태가 어떤지를 살피는 것이다. 내가 본 많은 아티스트분들은 독감에 걸려도 스케줄 펑크를 내지 않고 링거를 맞고 현장에 온다. 정해진 촬영 시간은 너무나도 바쁜 수많은 사람이 스케줄을 쪼개어 어렵게 맞춘 시간이니까. 친구와의 약속은 오늘이 안 되면 내일 다시 잡을 수도 있지만, 촬영 스케줄은 오늘이 안 된다고 내일 다시 잡을 수 없다. 그런 만큼 몸의 컨디션이 안 좋은 출연자도 있을 수 있고, 감정적으로 다운된 출연자도 있을 수 있다. 물론 그런 컨디션을 티 내는 출연자는 많지 않고 대부분 프로 의식으로 촬영에 임한다.

그렇게 프로 의식으로 무장한 아티스트들이라 하더라도 현장의 분위기에 쉽게 영향을 받는다. 현장 분위기가 얼마나 화기애애하냐, 얼마나 활기차냐에 따라 촬영에 임하는 아티스트들의 자신감이 달라지기에 제작진은 정말 현장에서 열심히 웃어 준다. 방청객보다 더 열심히 웃어 주고 손뼉을 쳐 준다. 일당백 정도로. 출연자들은 그 웃음에 힘입어 일분일초 힘을 내고, 그렇게 그날 촬영이 잘 떨어지냐 마느냐가 결정된다.

현장에서 또 중요한 것은 제작진과 출연자와의 소통이다. 보통은 스케치북으로 소통을 하기도 하는데, 출연자가 다음 상황에 무슨 진행을 해야 할지, 무슨 질문을 해야 할지 등 맥을 잡을 수 있도록 작가진이 PD와 의논하여 스케치북을 순간

순간 들어 준다. 그 소통의 분위기가 경직된다면 아무래도 현장 분위기가 불편해지기 마련이다. 아무튼 결국 화면에 비치는 것은 출연자지만 뒤에서 조력하는 제작진들의 활약 여하에 따라서도 콘텐츠의 질이 결정된다. 그래서 제작진이 아티스트를 살뜰히 챙기는 만큼 제작진을 살뜰히 챙기는 아티스트분들도 많다. 예를 들면 박명수 같은 분이 그렇다. 아티스트의 마음에서 고마움과 진정성이 느껴질 때 제작진은 신이 나서 더욱 열심히 한다. 그렇게 결국 빛나는 콘텐츠가 탄생하게 된다.

기획 아이디어는 어떻게 얻나요?

거리로 나서라, 현장으로 가라

일반적으로 창작·기획자들은 어떤 고정된 틀보다는 즉흥적인 감정이나 발상에서 아이디어를 얻는다. 그래서 앞서도 얘기했지만 창작자들의 몸은 스펀지가 되어야 한다. 스펀지가 마구 물기를 빨아들이듯이 창작자는 호기심이 가는 세상의 모든 사안을 제 몸에 흡수해야 하기 때문이다. 그리고 나서 그중에서 자신의 기획 아이디어에 적합한 것을 발견하고 발전시켜 나가는 것이다.

그런데 이 스펀지는 정보가 많은 곳에 있어야 더 많이 흡수할 수 있고, 그렇지 않은 곳에 있으면 메마르게 될 것이다. 예를 들어, 나에게 아이디어의 보고는 교보문고와 같은 대형 서점이다. 대형 서점에는 매일 다양한 분야에서 수많은 신작이 출간된다. 정치, 경제, 사회, 문화 등 분야별로 관심 있는 것이 무엇인지 살피는데, 신간 도서들의 제목만 유심히 봐도 세상의 흐름을 알 수가 있다. 프로그램을 기획하다가 타이틀이 잘 떠오르지 않을 때도 서점에서 돌아다니면서 책 제목을 보다가 힌트를 얻기도 한다.

방송 콘텐츠는 세상을 이끌어 가는 젊은 세대에 어필하는 것이 중요하다. 그래서 젊은 세대가 많이 모인 곳에 가서 아이디어를 얻기도 한다. 홍대, 대학로, 연남동, 가로수길 등지에 모이는 젊은이들의 관심사를 관찰해 보는 것이다. 변화에 민감한 젊은 세대들과 대화하며 그들의 관심과 고민 등을 알아 가다 보면 신선한 아이디어를 얻을 수 있다.

물론 특정 전문 분야, 가령 패션 관련 프로그램을 기획하거나 패션에 대한 아이디어가 필요할 때는 해당 전문가를 만나면 지식과 정보를 시간 낭비 없이 빠르게 얻을 수도 있을 것이다. 그러나 백화점 의류 매장이나 동대문 의류상가 현장을 체험하며 관찰하는 것이 더욱 현실감 있고 생각지 못한 아이디어를 얻는 방법이다. 간접적으로 접하는 것보다는 현장에서 직접 스스로 느끼면 더욱 좋은 아이디어를 얻을 수 있다고 생각한다.

같은 주제를 다른 시각으로 생각하기

그러나 이처럼 아이디어를 얻는 것은 일차적인 방법이다. 그러면 진짜 좋은 아이디어는 어떻게 얻는가. 여기에는 평소에도 기획자가 엉뚱한 발상과 생각 등을 하고 있어야 한다는 전제가 따른다. 남들이 생각하지 않는 다른 시각에서 보는 습관이 중요하다는 얘기다. 이는 단기간에 배울 수 없으니, 평소에도 자연스럽게 훈련된 상태여야 한다.

방송사 공채 PD를 뽑을 때, 작문이나 창작 아이디어 시험을 보면 대부분의 사람들이 그 문제를 잘 풀지 못한다. 예를 들어 '졸업 사진'이라는 주제를 주고 작문 시험을 냈다고 해 보자. 그러면 자신의 졸업과 관련된 사진 이야기를 서술하기 쉬울 것이다. 그러나 이 문제에서 원하는 답은 아버지다. 대부분의 졸업식 사진에는 엄마와 자식들의 모습은 보이지만, 아버지의 모습은 없을 경우가 많다. 즉 주로 아버지가 졸업 사진을 찍어 주다 보니 정작 본인이 찍힌 사진은 별로 없는 것이다. 이렇듯 시험 문제는 주제를 다른 시각에서 보는 답을 원한다. 가족들 뒤에서 묵묵히 일하며 희생하는 아버지들의 모습 등을 주제로 써 나가면 높은 점수를 받을 수 있다.

창의적인 생각을 테스트하는 또 다른 문제를 보자. "만약 당신이 강남 지하철 3번 출구를 나왔을 때……" 이런 작문 문제가 나온다면 어떻게 쓸 것인가. 창의적 아이디어에 대한 훈련이 평소에 잘되어 있지 않으면 한 줄도 제대로 쓸 수 없을 것이다.

나는 복합적인 아이디어를 잘 내기 위해서는 결국 평소 책을 많이 읽는 것이 중요하다고 생각한다. 책을 통해 우리는 경험하기 어려운 많은 것들을 간접적으로 체험할 수 있다. 마찬가지로 연예인들도 소설책을 많이 읽어야 주인공들의 캐릭터 공부를 하거나 간접 체험들을 풍부하게 할 수 있다. 책을 읽는 습관이 더없이 중요하다는 건 더 말할 필요가 없을 듯하다.

나의 경우는 이런데, 다른 기획자는 어떻게 생각하고 있는지 들어보도록 하자.

UCC 대표
권익준

MBC PD. 「일밤」, 「남자 셋 여자 셋」, 「논스톱」 등 연출
CJ E&M 중국지사 프로듀서, 큐브 부사장을 역임한 35년 이상의 방송 경력자

창작·기획 과정에서는 협업도 중요하다

콘텐츠마다 다르겠으나 보편적으로는 우리의 삶 자체에서 아이디어를 많이 얻는다. 사람들과 더불어 일하고 놀고 생활하면서 느끼는 모든 감정과 생각들에서 이야기가 시작되는 게 당연하다고 본다. 거기에는 본인이 겪은 직접적인 경험도 있을 테고, 주변에서 들은 다른 사람들의 이야기와 같은 간접적인 경험도 좋은 소재가 된다.

구체적으로는 우리가 매일 접하는 뉴스가 가장 좋은 아이디어의 원천이 된다. 우리가 살아가는 세상에서 벌어지는 많은 사건 사고에서 아이디어나 영감을 얻을 가능성이 제일 큰 것 같다. 다른 지역, 다른 시대에 발생했던 사건들도 당연히 좋은 소스가 된다.

그리고 책, 영화, 드라마, 예능프로그램, 다큐멘터리, 게임, 음악, 노래 등등 매일 접하는 수많은 다양한 콘텐츠들에서도 힌트나 영감을 받을 때가 많다.

보통 아이디어라 하면 어디서도 본 적 없고 누구도 생각하지 못한, 하늘에서 뚝 떨어진 신기한 발상이라 여기는데, 꼭 그렇지는 않은 것 같다. 똑같은 소재나 비슷한 아이디어라도 방향이나 장르를 바꾸면 다른 콘텐츠가 되고, 창작자 개인의 고유함이 들어가면 또 완전히 새로운 콘텐츠가 된다.

여기에 자기만의 고유하고 독특한 시각과 사고방식 그리고 세심한 관찰력과 끊임없이 연구하고 깊이 숙성시켜 나가는 지속력이 있다면 더욱 좋을 것이다.

창작자들 간에 아이디어를 서로 교류하고 서로의 영감을 자극하며, 역할을 분담하는 일도 매우 중요하다. 내가 못 풀어 가는 부분을 다른 접근과 다른 시각으로 풀어 주고 영감과 힌트, 자극을 주는 창작 과정의 협업도 큰 도움이 될 수 있다.

32

드라마에서는 배우는
어떻게 캐스팅하나요?

배우 캐스팅은 감독과 작가의 고유 권한

드라마에서 배우 캐스팅은 전적으로 메인 감독과 메인 작가의 권한이라 볼 수 있다. 기획 단계에서부터 작가와 감독은 주인공과 주요 인물의 캐릭터를 개발하고 구상한다. 매력적인 주인공을 만들고, 배역을 정하는 일은 그 드라마의 성패와 아주 밀접한 관계가 있기에 매우 중요한 작업이다.

조연을 선정할 때는 연기 톤이 항상 일정한 배우를 캐스팅하는 편이다. 그 배우의 이미지와 연기 톤을 기억하고 있는 시청자들은 확

바뀐 새로운 연기는 별로 선호하지 않는다. 예를 들어 악한 깡패 역할로 나왔던 사람은 계속 그러한 역할을 하기를 바란다. 보통 여러 드라마나 영화에서 일반적으로 인식된 이미지의 연기를 계속하도록 요구되는 것이다.

그러나 주인공급 배우는 매번 똑같은 연기 톤으로 연기할 수 없다. 주인공이 되려는 배우는 정의로운 주인공이든 악한 주인공이든 상관없이, 대통령부터 거지 역할까지 다양한 역할을 다 소화 가능해야 한다. 그래야 드라마나 영화감독과 작가들이 배우를 선정할 때 우선적으로 생각하고, 나중에 작품이 나왔을 때 시청자도 그 배우의 연기력을 인정하고 호감을 느낄 수 있다.

기존 배우의 새로운 면을 끌어내는 캐스팅이면 금상첨화!

미국에서는 치밀하고 계획적으로 인물에 대해 연구하는 것으로 정평이 나 있다. 작가나 감독뿐만 아니라 심리학자, 정신과 의사 등 인물 설정에 도움되는 전문가들과 함께 작업하면서 주요 캐릭터를 만들어 가는 것이다. 우리나라에서는 불과 몇 년 전만 해도 그러한 시스템이 없어서, 인물 설정은 메인 작가의 고유 권한이었다. 그러나 최근 드라마가 진화하면서 시청자들의 눈높이도 올라가고 질적으로 수준이 높아져 메인 작가만 혼자 작업하는 게 아니라 서브 작가 등과 집단 창작을 통해 인물을 탄생시키는 작업이 일반화되었다. 물론 스토리라인 또한 이제는 협업 작업을 통해 여러 사람의 아이디어를 수용하여 최상의 결과를 도출하는 시스템이 적용되고 있다.

대박 드라마는 탄탄한 스토리라인과 더불어 주인공 등 주요 캐릭터가 특별할 때 탄생한다. 특히 의외의 인물을 설정하고, 또 그 인물을 연기하는 배우가 기존에 보여 주던 연기 톤과 전혀 다른 연기를 선보일 때 시청자들은 선호한다. 예를 들어, 얌전한 배역만 맡아 왔던 여배우가 날라리에다가 활발한 성격의 연기를 보여 주면 시청자들은 신선하게 느끼며 그 드라마에 매료되기 쉽다. 상황이 이러하기 때문에 주인공급 연기자는 연기 변신을 거듭해야만 하는 숙명을 갖고 있다고 할 수 있다. 매 작품 일관된 톤으로 연기하면 시청자들은 식상함을 느끼고, 해당 작품에도 부정적인 영향을 끼칠 가능성이 높다.

또한 배우는 작가나 감독과 커뮤니케이션을 자주 하여 본인이 가진 색다른 성향과 성격을 드라마에서 끌어내기도 한다. 작가나 감독이 배우들과 사적으로 친하지 않으면 화면에 보이는 연기만으로 판단할 수밖에 없으니, 배우의 새로운 면도 잘 알지 못한다. 그러나 배우의 매니저나 주변 사람들의 얘기를 잘 듣고 숨겨진 면모를 작품에서 새롭게 끌어냈을 때 화제가 되기도 한다. 그러면 그 드라마가 끝난 뒤에도 다른 감독들과 작가들에게 선택될 가능성이 높아지는 긍정적인 효과도 볼 수 있다.

작가
김기호

「논스톱 3」, 「논스톱 5」, 「안녕, 프란체스카 시즌3」, 「롤러코스터 2」, 「푸른거탑」,
「으라차차 와이키키」 등 집필

연기력이 먼저다!

드라마 배역 캐스팅 시 가장 중요하게 생각하는 기준은 캐릭터에 맞는 이미지, 연기력, 그리고 당연하게도 외모나 인지도다. 하지만 아무리 뛰어난 외모와 인지도를 가지고 있더라도 작가와 연출자가 생각하는 캐릭터 이미지와 맞지 않는다면 선정하지 않는다. 그리고 외모와 인지도도 뛰어나고 캐릭터 이미지와 완벽하게 부합하더라도 연기력이 갖춰지지 않았다면 절대로 선정하지 않는다.

고로 드라마 캐스팅 시 최우선적으로 고려하는 기준은 연기력이라 할 수 있다. 캐릭터와 부합하는 이미지는 분장 또는 설정으로 커버할 수 있지만 배우가 가진 연기력 자체는 그 어떤 것으로도 커버가 되지 않기 때문이다.

현재 시청자들의 드라마 평가 기준이 과거에 비해 비약적으로 높아진 상태다. 과거처럼 유명한 배우가 나온다고 해서, 예쁘고 잘생긴 배우가 나온다고 해서 무조건적인 지지를 보내는 말랑말랑한 시청자들이 아니란 말이다. 아무리 예쁘고 잘생기고 인지도 있는 배우가 나와도 드라마의 완성도가 떨어지면 그 드라마는 백이면 백 실패한다. 드라마의 완성도는 외모와 인지도가 아니라 뛰어난 극본과 배우들의 연기력이 좌우하기 때문이다.

그만큼 드라마가 성공하기 위해선 배우들의 연기력이 엄청나게 중요해졌다는 말이다. 그리고 이런 현상은 앞으로 더욱더 강해질 것으로 생각한다. 배우가 연기를 잘해야 한다는 건 너무나 당연한 이야기지만, 과거에 비해 그 중요도가 훨씬 더 높아졌다는 것이다.

대부분 사람들은 배우가 되기 위해선, 드라마에 캐스팅되기 위해선 외모가 최우선이라 생각하지만 절대적인 것은 아니다. 그러니 배우가 되고 싶다면, 드라마에 캐스팅되고 싶다면 무엇보다 연기력을 갈고닦는 데 많은 시간과 노력을 기울이기 바란다.

그렇다고 외모는 전혀 고려 대상이 아니라는 말은 아니니 오해는 말았으면 한다. 비슷비슷한 이미지, 비슷비슷한 연기력을 가진 두 사람이 있다고 했을 땐 누구나 조금 더 뛰어난 외모와 인지도를 가진 사람을 뽑기 마련이니까.

33

광고 모델을 고를 때
가장 중요한 기준은?

제품과 모델이 같이 성장할 수 있는가

광고 회사에서 중요하게 보는 점은, 광고하려는 제품에 가장 적절한 모델을 선정하고, 그 광고를 만들었을 때 제품의 판매 측면에서 소비자들에게 크게 호소할 수 있느냐다. 잘 알려지지 않은 브랜드의 제품이 처음 출시될 때는 더욱이 모델이 중요하다. 그 당시 제일 인기 있는 배우, 가수, 운동선수 등이 주요 선정 후보가 되는데, 이때 인지도와 더불어 따져 볼 점이 광고주의 제품과 모델의 이미지가 맞는가다. 광고하는 제품과 모델이 함께 성장하면서 오래도록 소비자에게 인식되는 것이 가장 좋은 방향성이다. 35년째 커피 광고를 해 왔던 한 모델이 제품과 함께 성장하면서 서로의 이미지가 잘 결합된 이상적인 사례라고 할 수 있겠다.

가성비도 따져야 한다

광고 모델 선정에서 그다음으로 중요한 것은 광고 모델료의 적절성이다. 브랜드 이미지가 없는 제품일수록 유명 연예인을 찾게 되는데, 그럴수록 모델료가 천정부지로 높아져 웬만한 자금력이 있는 기업이 아니고서는 감당하기가 어려운 수준이 된다. 그렇다고 비싼 모델이 항상 제품 판매와 직결되는 것은 아니다. 간혹 유명 연예인의 후광에 힘입어 일시적인 판매 효과를 보기도 하고, 또 제품의 브랜드를 대중에게 알리는 효과도 보지만, 지속적인 판매 수익으로는 잘 연결되지 않는다. 따라서 광고 모델료와 제품의 수익을 잘 비교 분석해 보고 선정해야 한다.

속옷 광고에서 외국 모델을 주로 쓰는 이유는 국내 유명 연예인보다는 이름은 없지만 비용이 적고, 비주얼적으로도 더 효과가 있어서다. 한편 일반인 모델을 자주 쓰는 광고도 보이는데, 마찬가지로 가성비가 비할 데 없이 좋아서다. 비싼 연예인을 제품 홍보에 쓴다고 무조건 좋은 것은 아니다. 제품의 특성과 이미지를 잘 연구하면 값비싼 모델료를 지불하지 않고도 최상의 효과를 누릴 수 있다.

　마지막으로, 광고 모델을 선정하는 데 중요한 요소는 모델의 인성과 사생활 평판일 것이다. 아무리 현재 인기가 높다고 해도 그 모델이 사회적으로 물의를 일으키면 광고 제품의 브랜드에 치명타를 주기 때문이다. 연예인이나 제품의 브랜드나 이미지로 승부하는 것인데, 한번 나빠진 이미지가 좋은 이미지로 다시 원상 복구되는 일은 거의 불가능하다고 보면 된다. 특히 언론에 뉴스로 나오면 그 시점부터 광고는 정지되고, 제품의 판매에도 큰 악영향을 끼친다. 계약 조항에 모델이 제품에 악영향을 끼치면 손해배상을 하게 되어 있다고 한들, 그 제품의 브랜드가 돈으로 보상받는 것보다 더 큰 피해를 보니 문제다. 주로 음주 운전, 마약, 부적절한 성관계, 도박 등의 사건사고는 사회적으로 무거운 책임을 져야 하기 때문에 매우 민감하지 않을 수가 없다.

　그래서 요즘 광고에서는 가상 모델을 심심치 않게 보인다. 가상 모델은 부적절한 사건사고로 광고주들에게 심각한 손해를 끼칠 위험이 없다. 이는 가상 모델을 키워서 좋은 이미지를 안정적이고 영구적으로 사용하고 싶은 광고주들의 바람이 반영된, 요즘 시대의 변화된 흐름인 듯하다.

CF 감독
김세훈

우리나라 1세대 뮤직비디오 감독. CF 감독
김건모, 룰라, 신해철, H.O.T, 조성모, 신화, 백지영 등 뮤직비디오 기획 및 연출
중화권 뮤직비디오 45편 기획 및 연출
TV CF, 공연 기획, 유튜브 바이럴 기업 및 지역 홍보 영상 등 500여 편 기획, 제작, 연출

유명인이라고 캐스팅하지 않는다

광고 한 편이 제작되려면 가장 먼저 사전에 철저한 시장 조
사와 광고 전략을 세운다. 그 후 광고 콘셉트와 콘티 등이 나

오게 되는데 그 과정에서 모델을 기용하게 된다. 광고 모델 섭외는 제품의 이미지 향상은 물론 신뢰도나 호감도가 직접적으로 구매에 영향을 미치기 때문에 아주 중요하다. 모델이 누구냐에 따라 짧은 기간 내 광고 효과를 극대화할 수 있어, 광고 모델 선정에는 인기, 권위, 호감도, 매력 등을 최대한 따져 보게 된다. 이처럼 모델은 제품 및 브랜드의 이미지를 나타내기에 적절한 선정 기준을 바탕으로 신중하게 섭외하는 것이 중요하다.

사실 과거부터 오늘날까지 유명 연예인이 광고 모델로 출연하는 데는 변함이 없다. 아무래도 인지도 있는 유명한 연예인이 모델로 출연할 때 소비자들이 광고를 잘 기억하게 되기 때문이다. 하지만 시대가 변함에 따라 최근 모델 선정 기준도 달라지고 있다. 그렇다면 잘 기억되는 광고를 만들기 위한 요즘 스타일 광고 모델 선정 기준에는 어떠한 것들이 있을까?

첫째로 '화제성을 지닌 인물'이라고 생각한다. 드라마, 예능, 영화, SNS, 스포츠 활동 중 어떠한 상황 또는 업적 및 성과 등에 두각을 나타낸 인물로, 현재 긍정적인 이슈로 주목을 받고 있어 소비자들에게 브랜드 이미지를 높이고 구매 욕구를 불러일으킬 수 있다.

둘째는 'SNS 영향력을 지닌 인물'을 꼽을 수 있다. 최근 들어 부각되는 SNS상의 인플루언서 또는 유튜버 등과 같은 다수의 팔로워 구독자를 보유하여 개인 계정으로 자신의 콘텐츠를 배포하는 크리에이터다. 아는 언니, 오빠 같은 친근함으로 소비자들은 그들이 사용하는 제품들을 믿고 따라 사는 경향이 있고, 그렇기 때문에 광고 시장에서도 좋은 반응을 얻는다. 요즘에는 연예인보다 소위 잘나가는 크리에이터들이 많아 연예인의 인기를 능가하며 활동 영역을 넓히고 있다. 역으로 과거에는 노출하길 꺼리던 연예인들도 최근에는 SNS 활동을 통해 스스로 대중과의 친근함을 얻으려고 노력하기도 한다.

마지막으로 광고 모델 선정 기준은 '개성이 있는 인물'이다. 기업의 브랜드 이미지 또는 제품에 대한 광고 홍보 미디어물을 시각화하는 작업에 적합한 단순히 예쁘고 잘생김을 넘어, 매력적인 개성을 지닌 인물이 소비자들에게 신선함을 줄 수 있다고 생각한다.

광고라는 매체는 뛰어난 영상으로 상상력을 자극하며 새로운 모델을 세상에 소개하기도 한다. 광고 모델이 되고자 하는 이들은 자신의 외형적 매력을 기업이 원하는 기준에 부합한 이미지로서 널리 알리는 것도 중요하지만, 자기 관리도 철저해야 할 것이다. 실제 광고 모델 계약서 위약 조항에는 사회적인 물의를 빚거나 학폭 등 과거의 비행 또는 범법 등의 행적이 확인될 경우, 계약 파기는 물론 막대한 손해 배상을 하는 조항까지 포함되어 있다. 한순간에 광고 모델로서 이미지가 추락하고 심지어 전 재산을 잃을 수도 있다. 이렇듯 브랜드의 얼굴이라 할 정도로 중요하고, 기업의 이미지와 직관적으로 연관되어 있어서 광고 모델은 엄격하게 선정 관리된다.

루머나 악의적인 보도에
어떻게 대응해야 하나요?

초기 대응이 중요하다

루머는 그 속성상 빠른 속도로 부정적인 요소를 가지고 전파되는 속성이 있다. 악의적인 루머는 초기에 빠른 대응을 하지 않으면 걷잡을 수 없이 확산된다. 특히 대중들이 관심이 많은 남녀 관계에 대한 소문은 조그마한 단서만 있어도 인터넷에 일파만파 퍼지기 마련이다. 소문은 소문을 낳고 연예인에 대한 루머는 끝없이 과장되어 확산된다. 인터넷 기사의 속성상 나중에 진실이 밝혀지더라도 당사자의 이미지는 사실 여부와 관계없이 크게 손실되고 만다.

악성 루머가 발생했을 때, 신속히 그 근원지를 찾아서 협의나 합의 아니면 법적 대응으로 더 이상 이미지를 추락시키지 않게 조치를 취해야 한다. 한 번 잘못해서 떨어진 이미지는 무슨 수를 써도 다시 회복할 수 없기 때문이다.

개인이 아니라 조직이 대처하라

연예인도 인간인지라 자신에 대한 악성 루머나 사실이 아닌 기사가 나오면 화가 나서 감정적으로 대응하기가 쉽다. 이런 상황에서는 초기 대응을 잘못하여 도리어 일을 키우는 경우가 많으니 각별히 조심해야 한다. 신속 대응 못지않게 조직적인 대응도 중요하다는 얘기다. 개인이 아니라 회사 차원에서 언론대응팀과 법무팀의 자문을 얻어 대응하는 것이 2차 피해를 막는 지름길이다.

일반적으로 기획사에는 이러한 상황에 효율적으로 대처하는 시스템과 기존에 쌓아 왔던 경험 등이 있다. 그러니 개인적인 행동이나 대처는 하지 말아야 한다. 이름 없는 악성 인터넷 언론은 특히 조심해야 하는데, 연예인이 SNS에 개인적인 의견을 올려 자신의 무관함과 억울함을 해명하면, 그들은 꼬리에 꼬리를 물고 기사를 만들어 낸다. 만약 개인이 독단적으로 그 매체와 인터뷰를 했다가는 자신의 의도와 상관없는 기사가 나가거나 악질적으로 편집되어 역공당하기가 쉽다.

기획사는 언론과의 네트워크가 잘 되어 있어 곧바로 오보를 알리는 기사를 올려 그 확산을 막는다. 그다음으로 민·형사상 법적 책임을 묻는 보도자료를 내보내고 나면, 사실이 아닌 이상 그 이후로 더 확산하지 않는다. 다시 말하지만, 루머나 악의적인 보도에는 개인적인 대응이 아니라 조직적인 대응이 가장 효과적임을 잊지 말자.

솔루션 인터뷰

스포티비뉴스 기자 장진리

15년 차 연예부 기자

카더라에서 찌라시로, 그리고 SNS까지
루머도 알고 대응하자!

'카더라'라는 말을 아시는지? 출처가 명확하지 않은 이야기나 정보를 사실인 것처럼 말할 때 '~라고 하더라'는 말에서 나온 단어다. 바로 이 말처럼, 연예계 루머는 사람들의 입에서 입으로 전해지는 경우가 많았다. 지금처럼 인터넷이 발달하지 않은 시기, 연예계에서는 "내 친구가 그러던데", "내 직장 상사가 그러던데"로 시작돼 일파만파 퍼진 확인되지 않은 정보들로 몸살을 앓았다.

이후 루머의 양상도 조금은 달라졌다. 연예인들의 루머라고 하면 자연스럽게 떠오르는 말이 바로 '찌라시'일 것이다. '찌라시' '퍼뜨리다'라는 의미를 가진 일본어 '치라스(散らす)'의 명사형으로, 사람들에게 마구 뿌리는 전단, 광고지를 뜻하기도 한다. 증권가를 중심으로 은밀히 돌던 정보 모음을 이른바 '찌라시'라고 불렀는데, 과거 이 '찌라시'에는 놀랄 만큼 정확한 정보도 있었지만, 확인되지 않은 정보도 있었다. 이런 찌라시는 보통 정·재계 소식을 담은 것이 대부분이었는데, 한류와 함께 연예계가 큰돈을 움직이는 하나의 거대한 시장이 되면서 연예계 소식도 담기 시작했고, 연예계 루머를 말 그대로 '뿌리는' 공장이 됐다.

여러분들도 '받은 글'이라며 이곳저곳에서 돌아다니다 나에게까지 당도한 단체대화방 버전 '찌라시'를 받아 본 적이 있을 것이다. 바로 이런 '받은 글' 역시 '찌라시'의 한 종류라고 할 수 있다. 최근 모바일 메신저의 사용으로 단체대화방이 활성화되면서 이런 '받은 글'로 연예계 루머가 눈덩이처럼 커지는 경우가 많아지고 있다. 하지만 과거와 같은 건 여전히 신빙성 없는 정보를 담았다는 것이겠다.

유튜브와 SNS 사용 증가도 이러한 연예계 루머를 확산하는

데 최근 일조하고 있다. 유튜브에서는 '충격', '단독', '속보'라는 말과 함께 결혼, 임신, 이혼, 사망 등 자극적 키워드를 담은 가짜뉴스를 쏟아 내며 최근 연예계 루머의 온상으로 변질됐다. 특히 최근 AI가 급속도로 발전하면서 이미지에 영상은 물론, 목소리까지도 진짜처럼 조작할 수 있는 AI로 만들어지는 연예계 루머 역시도 급속도로 확산되고 있어 주의가 필요한 상황이다.

맺음말

2015년 중국판 「런닝맨」으로 한류의 절정기를 보내며, 미디어 분야 중국 최고의 대학인 전매대학교(传媒大学校)의 요청으로 『한국 연예인 양성기(韩国艺人养成计)』 책을 현지에서 출간한 지 벌써 10년 가까이 됐다. 「런닝맨」이 중국에서 최고 수익을 올리고 시청률도 중국 역사상 최고점을 기록하면서 자연히 한국 연예계에 대한 관심이 커지던 때였다. 당시 나는 각종 특강과 논문 작업 등을 하며 중국에서 한류의 위상을 누렸고, 우리의 문화와 선진 콘텐츠 기술을 전수하며 대단한 자부심을 느꼈다.

개인적으로 중국에서 『한국 연예인 양성기』를 저술했을 때는 한류 1.0 시대라고 할 수가 있다. 그 책은 2015년 8월 중국

추천 도서로 선정되었고, 베이징 공항에는 내 얼굴과 책의 사진이 걸려 있었다. 시내 서점에서도 그 책은 쉽게 찾아볼 수 있었는데, 초판 2만 부와 두 번째 판까지 발행되었다. 또 나는 4000명이 넘는 대학생들 앞에서 특강도 해 보았다. 중국 전역의 중·고등학교 특강을 하자는 제안을 받았지만, 시간상 도저히 불가능해서 거절했는데, 지금도 그때의 기억이 어제처럼 생생하다.

그런데 10년이 지난 지금, 이제는 한류 2.0 시대가 온 것 같다는 생각이 든다. 개인적인 생각이지만, 한류 1.0일 때 냈던 책이 중국이라는 한정된 지역에서만 알려졌다면 이번 책은 글로벌 한류 시대에 전 세계로 전파될 것 같은 예감이 든다. 벌써 미국, 일본, 러시아 등에서 관심을 갖고 있으니, 우리 한류 연예인들의 양성 과정과 성과를 알리는 좋은 기회라 생각되어 감사할 따름이다. 나와 친한 형님인 김광일 대표와 절친인 민음사 대표님과의 만남은 그저 우연이 아니라 지금 생각해 보면 이러한 역사를 준비한 주님의 계획에 따른 것 같다. 4년 전 저녁 식사 자리에서 이 책에 관심을 가지고 한번 해 보자고 기회를 주신 대한민국 최고의 출판사인 민음사 대표님께 다시 한번 감사를 드린다. 코로나 시기를 보내면서 틈틈이 이 책을 써 왔고, 만 4년이 지나서야 마침내 책이 완성되었다.

이 책은 나 혼자만의 힘으로는 도저히 만들 수 없었다고 생각된다. 방송 생활을 30년 넘게 해 왔지만, 여전히 내가 잘 모르는 영역이 있다. 연예인의 삶을 직접 살아 보지 않고 연출자의 길만 걸어온 나에게는 그들과의 인터뷰 글 작업이 가장 소중했다. 돈 주고도 살 수 없는 천금 같은 경험담은 내게도 엄청난 공부가 되었으니, 그저 감사할 따름이다. 나와 친분이 있는 연예인분들이야 관계 때문에 요청에 응해 주었다지만, 나와 인연이 없는 연예인분들은 지인들의 부탁을 받고 어려운 결정을 해 주셨으리라. 연예인분들이 자신의 노하우 글과 사진까지 보내 주면서 요청에 응해 주신 건 다시 생각해 봐도 너무나 기적 같은 일이다. 더욱이 소속사가 있는 연예인은 홍보팀이나 회사에서 허락하지 않을 수도 있었는데…… 아마도 그건 나 하나만을 위해서가 아니라, 간절한 꿈을 품은 연예인 지망생들이나 슬럼프에 빠져 정체성에 혼란을 겪고 있는 동료, 후배 연예인들을 위해서였을 것이다. 그런 마음이 연예인 지망생들과 그 가족들에게 잘 전달되어 분명 큰 도움이 될 거라고 믿는다.

또 연예인들에게 연락하거나 그들의 글들을 정리해 준 장페이밍 님, 손영선 작가님, 한소리 작가님, 김희수 작가님에게 감사를 드린다. 내가 모르는 분야에 도움을 준 조카 표지영, 출판사에서 요구하는 사진 용량을 AI 기술로 해결해 준 권수영 님, 음악 분야 섭외를 도와주신 서민규 대표님, 중요

연예인을 섭외한 스튜디오 프리즘 최영인 대표님과 정순영 선배님, 글로벌 출판사를 연결할 김대화 대표님, 그리고 연예인 섭외자분들과 주저 없이 섭외에 응해 주신 기획사 대표님들, 선후배 피디님들에게도 감사함을 전한다. 그리고 내가 쓴 글을 정리하느라 고생한 민음인 편집부, 또 매일 출판이 잘 되길 기도하는 아내 표효순과 딸 김민정에게 감사를 드리고, 이 모든 은혜를 살아 계신 권능의 주 하나님께 돌린다.

연예인이 되는 시크릿 34

1판 1쇄 찍음 2024년 7월 15일
1판 1쇄 펴냄 2024년 7월 25일

지은이 | 김용재
발행인 | 박근섭
책임편집 | 강성봉
펴낸곳 | ㈜민음인

출판등록 | 2009. 10. 8 (제2009-000273호)
주소 | 135-887 서울 강남구 도산대로 1길 62 강남출판문화센터 5층
전화 | 영업부 515-2000 편집부 3446-8774 팩시밀리 515-2007
홈페이지 | minumin.minumsa.com

도서 파본 등의 이유로 반송이 필요할 경우에는 구매처에서 교환하시고
출판사 교환이 필요할 경우에는 아래 주소로 반송 사유를 적어 도서와 함께 보내주세요.
06027 서울 강남구 도산대로 1길 62 강남출판문화센터 6층 민음인 마케팅부

* 이 책에 실린 사진은 솔루션 인터뷰에 참여한 연예인 및 소속사, 연예계 종사자,
  그리고 스튜디오 프리즘에서 제공한 사진입니다. 무단 사용을 금합니다.

© 김용재, 2024 Printed in Seoul, Korea
ISBN 979-11-7052-426-7 03320

㈜민음인은 민음사 출판 그룹의 자회사입니다.